栄養と味、9割も損してる！残念な料理

ホームライフ取材班〔編〕

青春新書
PLAYBOOKS

「残念な料理」なんか作りたくない！食べたくない！

　普段、ごく普通に作っている料理。じつは調理の仕方が大間違いだったり、微妙に違っていたりで、その結果、味そのものがガクッと落ち、栄養も大幅に抜け落ちていたとしたら……。

　こんな「残念な料理」など、誰も作りたくないし、食べたくない。しかし、実際には非常によくあることなのだ。

　ひき肉を手でしっかりこねる。鶏肉をタレにじっくり漬けて、から揚げにする。アサリは塩水、シジミは真水で塩抜きする。魚の煮つけは味が染み込むようによく煮込む。しゃぶしゃぶを熱湯で手早くゆでる。カロリーを落とすため、衣を少なめにしてエビフライを揚げる。白菜を外側の葉から順番に食べる……。こうした料理の仕方では、どれも残念な結果を招いてしまう。

　本書では、日ごろ間違いがちな料理の仕方に注目。素材の選び方から保存の仕方、切り方、煮方、焼き方、炒め方、味のつけ方まで、幅広い方向よりアプローチし、誤っている理由と正しい方法を解説した。この一冊を読めば、もう「残念な料理」が食卓にのぼることはなくなることだろう。

栄養と味、9割も損してる！　残念な料理

野菜の栄養も味も落ちる下ごしらえ

【ブロッコリー】小房に分けて、すぐにゆでる……14
【玉ネギ】切ったら、すぐにフライパンで加熱調理……16
【ニンニク】ちょっとつぶして炒め物に使う……18
【ピーマン】種とわたは食べられないから取り除く……19
【トマト】すぐに切って、サラダやソースに……20
【トマト】皮をむき、種を取り除いてソースにする……21
【レタス】冷水に浸けて、シャキッとさせる……22
【カボチャ】わたをキレイに取り除いて煮物にする……23
【サトイモ】包丁で皮をむき、ぬめりを取る……24
【干しシイタケ】ビタミンDを期待して、そのまま調理する……26
【ゴボウ】酢水にさらして、アクを抜く……28
【ゴボウ】包丁の背で皮をしっかりむく……29
【ジャガイモ】切ったら、すぐに鍋に投入する……30

contents

【ジャガイモ】皮をむいてからゆでる……31
【干しシイタケ】ぬるま湯や電子レンジで戻す……32
【キクラゲ】「どんこ」のように、ひと晩水に浸ける……33
【キャベツ】せん切りは水にさらしてパリッとさせる……34

肉と魚がまずくなる下ごしらえ

【ハンバーグ】ひき肉に調味料と野菜を加えてこねる……36
【ハンバーグ】ひき肉を手でよくこねる……37
【鶏のから揚げ】ひと口大に切ったら、すぐに下味をつける……38
【鶏のから揚げ】ひと晩、タレにじっくり漬ける……40
【シジミ】砂抜きをしたら、すぐに調理する……41
【シジミ】アサリは塩水、シジミは真水で砂抜き……42
【しめサバ】もちろん、塩でしめる……44
【カツオのたたき】炙ったら、氷水でしめる……45
【レバー】しっかり血抜きをして臭みを取る……46
【切り身】一尾の魚のように水道水で洗って食中毒予防……48
【ふり塩】指でつまんでパラパラとふる……49
【ふり塩】塩を容器から出して、そのままふる……50

無駄で効果なしの煮方・温め方

【シジミの味噌汁】水から強火で熱してだしをとる……52
【魚の煮つけ】よく煮て味を染み込ませる……53
【おでん】大量に作って、何度も温め直して食べる……54
【肉ジャガ】煮汁が少なくて済むように、小さめの鍋で作る……55
【面取り】煮崩れ防止に、野菜を面取りする……56
【イカ】輪切りにして、よく煮込む……57
【干しヒジキ】水で戻して、そのまま煮物に……58
【ミネラルウォーター】軟水の国産品でシチューを作る……60
【炊き込みごはん】米と具をよく混ぜてから炊く……62

栄養も風味も失うゆで方

【しゃぶしゃぶ】熱湯で手早くゆでる……64
【しゃぶしゃぶ】豚肉の冷しゃぶを氷水にとる……65
【ソーセージ】ぐらぐらの熱湯でゆで上げる……66
【小松菜】普通にゆでておひたしにする……68

contents

【カボチャ】……地面から上の野菜だから、湯からゆでる……69
【ゆで卵】……冷蔵庫から出して、すぐに熱湯に入れる……70
【ブロッコリー】……ぐらぐらの熱湯でゆで続ける……72
【ブロッコリー】……ゆでたら青菜のように水にとる……74
【カリフラワー】……小房に分けてからゆでる……75
【トウモロコシ】……塩を加えた湯でゆでる……76
【トウモロコシ】……皮を全部むいてからゆでる……77
【トウモロコシ】……必ず熱湯に入れてゆでる……78
【アスパラガス】……1本まるごと一気にゆでる……80

ああカン違いな炒め方・揚げ方

【野菜炒め】……フライパンに油を入れてから火をつける……82
【野菜炒め】……フッ素樹脂加工のフライパンで強火調理……84
【ナス】……切り分けて、フライパンで油炒め……86
【チャーハン】……フライパンを大きくあおって作る……87
【チャーハン】……木べらでかき混ぜながら作る……88
【チャーハン】……卵を低い位置からフライパンに入れる……89

【エビフライ】……カロリーを落とすため、衣を少なめで揚げる……90
【鶏のから揚げ】……おいしそうなキツネ色になるまで揚げる……92
【パン粉】……安い乾燥パン粉をそのまま揚げ物に使う……93
【揚げ出し豆腐】……油が跳ねないように、しっかり水切り……94

がっかりな仕上がりになる焼き方

【塩焼き】……塩をふって20～30分置いてから焼く……96
【干物】……特に工夫はしないで、そのまま焼く……98
【焼き魚】……冷たいグリルに魚を入れて焼く……99
【鶏肉のソテー】……熱したフライパンで焼きはじめる……100
【ホタテのバター焼き】……大きな貝柱をそのまま焼く……102
【のり】……表裏を満遍なく炙る……103
【シシトウ】……グリルの焼き網で普通に焼く……104

間違いだらけの味のつけ方

【片栗粉】……とろみがつきはじめたら、早めに火を消す……106
【片栗粉】……片栗粉のあんかけ料理を弁当のおかずに……108

contents

【料理酒】……酒を使う料理で、レシピ通りに作る……109
【調味料】……「さしすせそ」の順番に入れることを厳守！……110
【ホワイトソース】……冷たい牛乳をルーに加えてよく混ぜる……112
【カレー】……火を消した直後にルーを入れる……114
【豚汁】……味噌を一度に入れる……115
【ドレッシング】……すべて加えてよく混ぜる……116
【塩】……減塩料理で塩や醤油を一度に加える……117
【塩】……「塩少々」のレシピで、「ひとつまみ」加える……118
【塩焼き】……一般的な精製塩をふる……119
【枝豆】……塩をひとつまみ入れた湯でゆでる……120
【適量】……レシピの「適量」は入れても入れなくてもいい……121
【計量カップ】……小麦粉はすり切って計る……122

残念な結果を招く食べ方

【ポテトサラダ】……冷蔵庫で冷やして食べる……124
【しゃぶしゃぶ】……脂を控えたいから、しゃぶしゃぶを……126
【ゴボウ】……鮮度が落ちないうちに早く調理する……127

【ゴボウ】太い部分をきんぴらにする……128
【白菜】外側の葉からはがして食べる……129
【納豆】いろいろな加熱料理を工夫して作る……130
【サケ】塩辛いサケを水に浸けて塩抜きする……132
【カリフラワー】いつもゆでて食べる……133
【ニンジン】ビタミンCを破壊するのでサラダに入れない……134
【ニンジン】β-カロテンを吸収できないから、煮物はNG……136
【イチゴ】ヘタをつまんで、先のほうから食べる……138
【ピーマン】嫌がる子どもに無理やり食べさせる……139
【白和え】水っぽくなったが、そのまま食べる……140

素材が台無しになる切り方

【キャベツ】葉を適当に巻いてせん切りにする……142
【キャベツ】外葉は食べられないからはがして捨てる……144
【オクラ】ゆでたら食べやすく切ってごま和えに……145
【イカ】輪切りのようにヨコに切って刺身にする……146
【ホタテ】貝柱を水平に輪切りにして刺身にする……147

contents

【鶏の胸肉】そのまま食べやすい大きさに切る……148
【玉ネギ】目に染みるので、水にさらしてから切る……150
【ニラ】葉先から根元まで同じようなざく切りに……151
【白菜】単純にざくざく切って調理する……152
【白菜】黒い斑点のある葉は気持ち悪いから捨てる……154
【ブロッコリー】芯はかたくて味もないので捨てる……155
【カボチャ】包丁に力を込めて、ヒヤヒヤしながら切る……156
【かまぼこ】もちろん、包丁の「刃」で切ってはがす……157
【包丁の使い方】肉も魚も野菜も、引きながら切る……158

劣化が早くなる保存の仕方

【シイタケ】袋入りをそのまま冷蔵庫で保存する……160
【ブロッコリー】ほかの野菜のように、野菜室で保存する……161
【コンニャク】余ったら、水道水に浸けて保存する……162
【味噌】味噌の表面を覆っている薄い紙を取り除く……163
【レタス】芯をくり抜き、濡れたキッチンペーパーを詰める……164
【長ネギ】野菜室でヨコにして保存する……166

【ショウガ】多くの野菜のように、野菜室で保存する……167
【卵】冷蔵庫のドアポケットで保存する……168
【アスパラガス】冷蔵庫で寝かせて保存する……169
【青菜】そのまま野菜室で保存する……170

大失敗する買い方・選び方

【イカ】新鮮そうな真っ白なイカを買う……172
【納豆】粒納豆ばかりを食べる……173
【カボチャ】鮮度の悪そうな古いものは買わない……174
【トマト】赤いトマトを選んで買う……176
【リンゴ】真っ赤なリンゴを選んで買う……178
【肉】見切り処分のものは買わない……180
【牛肉】肉の重なっていた部分が黒いので捨てる……182

早引きインデックス……183

〈本文デザイン〉青木佐和子／〈本文イラスト〉まつむらあきひろ／〈編集協力〉編集工房リテラ（田中浩之）

ZANNEN ZANNEN ZANNEN

野菜の栄養も味も落ちる下ごしらえ

誤った下ごしらえをしたら、
野菜の味はガクッと落ちて、
栄養も激減してしまう。
そろそろカン違いに気づいて、
残念な失敗をなくそう！

ZANNEN ZANNEN ZANNEN

残念

ブロッコリー

小房に分けて、すぐにゆでる

ビタミンCやビタミンB群をはじめ、カロテンや葉酸、ミネラルなども豊富に含まれているブロッコリー。アメリカでは「野菜の王様」といわれるほど、栄養たっぷりの緑黄色野菜だ。

このブロッコリーに多い成分として、いまクローズアップされているのがスルフォラファン。体内に入った化学物質を解毒し、抗酸化力を高める作用があることから、がん予防や肝機能改善に加え、アンチエイジングにも有効とされる。さらに、肥満を抑える効果なども期待されている注目の成分だ。

これまで以上に、パワー満点の健康野菜であることがわかってきたブロッコリー。有効成分のスルフォラファンを効率良く摂取するために、間違った下ごしらえの仕方をしないようにしよう。

じつは、スルフォラファンは調理する前のブロッコリーにはない成分。包丁で切られるなど、傷つけられることによって、ある化合物がミロシナーゼという酵素と触れ、活性化して変化するのだ。

ただし、ミロシナーゼは熱に弱いという性質があり、沸騰した湯に入れられるとすぐに死んでしまう。このため、切ってからゆでるまでの間がスルフォラファンを増やすチャンス、ということになる。

湯を沸かしてから小房に切り分け、すぐにゆでる。こうした調理の仕方をすると、せっかくブロッコリーを食べても、スルフォラファンを体内に取り込むことはほとんどできない。これからは、ブロッコリーを切ったら、常温で5分程度置いておくようにしよう。このインターバルの間に、スルフォラファンが生み出されていく。

スルフォラファンをより有効に摂取したいなら、ブロッコリーの芽であるブロッコリースプラウトを積極的に食べるのがいい。つぼみの約20倍のスルフォラファンが含まれているので、非常に効率良くとり入れることができる。

切って5分放置。抗がん物質を増やしてからゆでる

残念

玉ネギ

切ったら、すぐにフライパンで加熱調理

玉ネギは血液をサラサラにする成分が含まれているからと、日々の料理に積極的に取り入れている人は多いだろう。しかし、調理時間を少しでも縮めようと、てきぱきと料理をする人ほど、大事な血液サラサラ成分を逃がしているに違いない。

じつは、血液サラサラ成分は、玉ネギのなかに元々存在しているわけではない。包丁で切られて細胞が壊れると、玉ネギの重要な成分、硫化アリルがアリイナーゼという酵素に触れ、化学反応を起こして辛み成分に変化。さらに、これが空気に触れることによって、血液サラサラ成分となる。

辛み成分を作るのに欠かせない酵素は熱に弱い。このため、切ってすぐに加熱調理をすると、いくら食べても、血液をサラサラにする効果は得られないのだ。

切ってから調理するまで、長くおく必要はない。常温で15分程度放置すれば、血液サラサラ成分は十分現れる。この程度のインターバルなら、短い時間で調理するなか

でも作り出せるのではないか。

玉ネギの下ごしらえで、重要なことはもうひとつある。辛み成分も血液サラサラ成分も、水に溶けやすいということだ。

サラダなどで食べる場合、辛みをなくそうと水にさらすと、こうした大事な成分をどんどん失ってしまう。切ったら水にはさらさないのがベスト。どうしてもさらしたい場合は、できるだけ短時間で水から上げるようにしよう。

そのまま15分放置すると、血液サラサラ成分ができる！

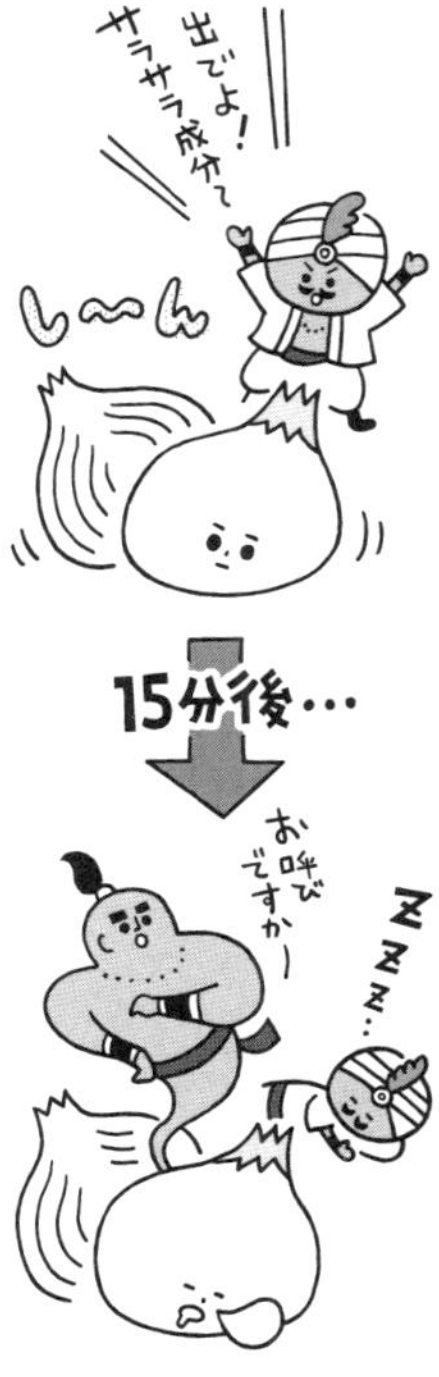

残念

ニンニク

ちょっとつぶして炒め物に使う

滋養強壮にいいというイメージのあるニンニク。近年、玉ネギやニラなどにも含まれている成分、硫化アリルの健康に対する効果が注目されている。

硫化アリルが変化した辛み成分は、常温の空気に触れることによって、血液をサラサラにする成分に姿を変える。ということは、空気に触れる面積が多くなるほど、有効な成分をより多く発生させられるわけだ。

パスタや炒め物に使う場合、ニンニクをちょっとつぶしただけでフライパンに投入する人がいるが、血液サラサラ効果という点ではNG。つぶしたうえで、細かくみじん切りにすれば、空気に触れる面積はぐっと大きくなる。さらに有効なのはすりおろして使うことだ。こうすると、血液サラサラ成分を一層作り出すことができる。

みじん切りやすりおろしで、動脈硬化の予防効果がアップ!

ピーマン

種とわたは食べられないから取り除く

圧倒的大多数の人はピーマン料理を作るとき、まず半分に切って、種とわたを丁寧に取り除いているはず。ごく当たり前の手順だが、近ごろ、これは無駄なことだという声が高まってきた。

というのも、ピーマンの種とわたには、有効な血液サラサラ成分であるピラジンが豊富に含まれているからだ。加えて血行促進効果もあるため、薄毛の予防にもなるのではないか、という点でも熱い視線を浴びている。

ピラジンは身の部分にはほとんど含まれていないので、種とわたを捨てる手はない。ただし、独特の苦みが強いところなので、生食では食べにくい。味噌やニンニク、香辛料などを使って、強めの味つけの加熱料理にするのがいいだろう。

血液サラサラ成分あり！ いっしょに炒めて食べる

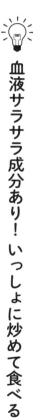

残念

トマト

すぐに切って、サラダやソースに

完熟したトマトの真っ赤な色は、リコピンという注目の成分。β-カロテンなどと同じく、動植物に含まれる色素であるカロテノイドのひとつで、がんをはじめとする生活習慣病の予防や、老化の抑制などに効果がある。その抗酸化作用はβ-カロテンの2倍、ビタミンEの100倍ともいわれるほど強力だ。

トマトを食べるなら、このパワー満点のリコピンをできるだけたくさんとりたいものだ。しかし、保存場所から取り出し、すぐに切ってサラダにしたり、ソースにしたりしていては、最大限の摂取はできない。ひと手間かけて、リコピンを増やしてから食べるようにしよう。方法は簡単で、食べる前、日光に当てること。30分程度、日なたに出しておくだけで、リコピンの量をかなり増やすことができる。

食べる前、日光に当てるだけでリコピンが増える！

トマト

皮をむき、種を取り除いてソースにする

トマトのソースを作る場合、多くのレシピでは、熱湯に浸けて皮をむく「湯むき」をし、種も取り除くことがすすめられている。どちらも少々手間のかかる作業だが、こうした下ごしらえは、必ず実行するほうがいいのだろうか。

「桃太郎」に代表される日本のトマトは主に、生食用に品種改良されたもの。加熱調理用のイタリアントマトと比べると皮が薄いので、湯むきは特に必要ではない。しかも、皮はペクチンという水溶性食物繊維が豊富。皮ごと加熱すれば、その栄養をとれるのに加えて、適度なとろみが出て、一層ソースっぽくなる。

種についても、取り除かないで調理するほうがいい。代表的なうま味成分であるグルタミン酸をたっぷり含むので、ソースの味わいに深みが出るはずだ。

栄養とうま味成分が豊富なので、そのまま調理する

残念

レタス

冷水に浸けて、シャキッとさせる

サラダの主役になることが多いレタス。みずみずしさが命だが、保存性があまり良くなく、特に常温ではクタッとなりやすいのが欠点だ。

ややくたびれたレタスをサラダにするとき、ボウルなどに水を張ってさらし、シャキッとさせる下ごしらえの仕方が知られている。けれども、この方法では食卓に出すまでに時間がかかり、この間、水溶性のビタミンCも流れ出てしまう。

栄養はそのままで、シャキシャキにするには、50℃程度の湯に2分ほど浸けるのが正解だ。こうした温度の湯は、常温の水よりも吸水されやすい。このため、水にさらすよりもぐっとシャキッとするのだ。水にさらすよりも短時間で済むので、ビタミンCが流出しにくいのもウレシイ。

50℃の湯にさらすと一層シャキッ！

残念

カボチャ

わたをキレイに取り除いて煮物にする

ほくほくしておいしい、カボチャの煮物。作るときには、適度な大きさに切り分けて、わたをしっかり取ってから、鍋のなかに入れてはいないだろうか。

わたを完全に取り除く人のなかには、この部分は食べられないと思い込んでいる人がいるかもしれない。あるいは、煮るとふわふわになり過ぎるような気がして、避けている人もいそうだ。

しかし、カボチャのわたは意外なほど甘くて、味わいが濃厚。しかも、果肉以上にβ-カロテンや食物繊維を豊富に含んでいる。このため、わたを完全に取り除くのは、味の点でも、栄養面からももったいない。下ごしらえの段階で適度に残しておき、果肉といっしょに調理しておいしく食べるのがおすすめだ。

甘くて栄養も豊富なので、適度に残して調理する

残念 サトイモ

包丁で皮をむき、ぬめりを取る

古くから日本で食べられてきたサトイモ。ほくほくした煮っころがしは、家庭料理の定番メニューだ。

ただし、サトイモはゆでたり煮たりするとき、ぬめりがたくさん出るのが困りもの。皮をむいたら塩をふってもみ、水で洗って軽くゆでるという、ぬめり取りのひと手間を欠かさない人は多いだろう。

しかし、こうした下ごしらえに精を出すのは考えものだ。ぬめりには胃の粘膜を保護してくれるムチンや、血糖値やコレステロール値を下げる効果のあるガラクタンなど、体にいい成分がたくさん含まれている。きちんと下ごしらえをすればするほど、これらは失われてしまう。ぬめり取りはしないで、有益な薬効成分をできるだけ閉じ込めたままで調理したいものだ。

調理時にぬめりが出る大きな原因は、じつは包丁を使って皮をむくことにある。サトイモの皮は二重構造になっていて、外側のかたい皮のなかに、もう1枚、薄皮のような皮層が控えている。

外側の皮をむくだけではぬめりは出ないが、内側の皮層もむけば、サトイモの表面が傷つくことにより、ぬめりなどの栄養分がにじみ出てくる。包丁を使うと、間違いなく、外側の皮と内側の皮層をいっしょにむいてしまう。

ぬめりを閉じ込めるには、外側の皮だけをむくのがポイントだ。そのためには、サトイモを皮つきのまま、熱湯で3分程度ゆでて、それから流水で冷ましてみよう。このひと手間をかけるだけで、包丁を使わず、内側の皮層を傷つけないで、外側の皮だけをするりとむくことができる。

この時点で、軽く下ゆでされていることになるので、だし汁や醤油、砂糖などで味つけして煮ていけばいい。包丁で皮をむくという通常の方法よりも、ずっと栄養価の高い煮っころがしができあがる。

ぬめりは栄養たっぷり！皮ごと下ゆでする

残念

干しシイタケ

ビタミンDを期待して、そのまま調理する

干しシイタケには、カルシウムの吸収を助けるビタミンDがたっぷり含まれている。こう固く信じている大多数の人は残念だ。ある工夫をしない限り、干しシイタケをいくら食べても、ビタミンDの摂取はあまり期待できない。

シイタケを天日干しすると、エルゴステロールという成分が紫外線によってビタミンDに変化する。ところが、こうしてできたビタミンDは、通常の保存の仕方をするとたった1か月で半減し、その後も減り続けていく。消費者の手にわたり、実際に使われるころには、もうさほど残っていないだろう。

しかも、これは「天日干し」で作られた干しシイタケの場合だ。いま流通している干しシイタケの大半は、機械を使って熱風乾燥したもので、正確には「乾《ほし》シイタケ」と呼ばれている。

熱風乾燥がいちがいにダメというわけではなく、風味を保ちながら素早く乾燥でき

る、うま味成分のグアニル酸や香り成分のレンチオニンが増える、といった見逃せないメリットがある。しかし、当然、ビタミンDについては新たに生成されない。

いずれにしても、干しシイタケに含まれるビタミンDは相当少ないわけだ。知らなかった人にとっては、衝撃の新事実かもしれない。

では、シイタケ料理からビタミンDをたくさんとることはできないのだろうか。通常のように、袋から出してすぐに水に浸けて戻す……という手順では無理。けれども、調理前にひと手間かけることにより、たっぷり摂取することは可能だ。

じつは、使う前に天日干しをすると、ビタミンDは簡単に増える。紫外線ランプを最強モードで照射した実験では、たった10分で約１００倍に増えた。実際には30分程度、太陽光に当てるだけで十分だろう。

天日干しで効果があがるのは干しシイタケだけではない。普通のシイタケも、同じようにビタミンDが急増するので、ぜひこのひと手間をかけよう。

干しシイタケもシイタケも、使用前の天日干しで急増！

残念

ゴボウ

酢水にさらして、アクを抜く

ゴボウを洗って切ったら、アクを抜くために、すぐに酢水か水に浸けなければならない。これは料理の常識、と思ってはいないだろうか。だが、栄養と味わいの両面から見ると、逆に〝非常識〟といってもいい。

確かに、切ったゴボウを水に浸けておくと、薄茶色の成分が溶け出してくる。しかし、これは抗酸化作用のあるポリフェノールの一種。浸けた水の色が濃くなるほど、この大事な栄養成分を失っていることになる。

水に浸けておくと、カルシウムやカリウムなどの栄養も、さらにはうま味成分であるアミノ酸も溶け出してしまう。家族で食べる家庭料理なら、アク抜きはしないのが賢明だ。どうしても色が気になる場合は、ごく短時間だけ水に浸けるようにしよう。

正体はポリフェノール。水にさらすのはもったいない

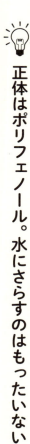

包丁の背で皮をしっかりむく

ゴボウは水で洗って泥を落とし、包丁の背で皮をこそぎ落とすと、レシピにはよく書かれている。しかし、自分のことを包丁づかいの名人だと思っていない場合は、鵜呑みにしないほうがいい。

ゴボウの皮とすぐ下の部分には、アミノ酸や糖分、たんぱく質などがたっぷり含まれている。皮をむくのに包丁の背を使うと、どうしても必要以上にこそぎ落としてしまい、味も栄養も大いに損なう可能性が大なのだ。

仕上がりの色が気にならない場合、ゴボウの皮はむかなくてかまわない。流水を当てながら、たわしや布巾でこすり、茶色い水が出なくなったらＯＫ。多少は皮を落としたいなら、丸めたアルミホイルで軽くこすると、余分にこそぎ落とす心配がない。

皮には栄養あり！ 丸めたアルミホイルで軽くこする

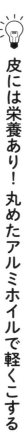

残念

ジャガイモ

切ったら、すぐに鍋に投入する

肉ジャガは〝おふくろの味〟のイメージがある定番料理。とてもポピュラーなメニューなので、誰でも簡単に作れそうだが、実際には手順が誤っていることが少なくない。特に間違いやすいのが、ジャガイモの下ごしらえだ。

手順を改めるべきなのは、ジャガイモを切って、すぐに鍋に投入している人。こうして調理した場合、仕上がりがベチャッとなることが多い。これはジャガイモの表面にあるでんぷんが溶けて、熱によってノリのような状態に変化するから。水溶き片栗粉を鍋に投入したときと同じ理屈だ。肉ジャガをすっきり仕上げるには、切ったジャガイモを水に10分程度さらすひと手間が必要。こうすると、表面のでんぷんを落とせるのに加え、アクによって変色するのを防ぐこともできる。

水にさらして表面のでんぷんを洗い流す

皮をむいてからゆでる

ジャガイモをポテトサラダなどにするとき、どのようにゆでているだろう。熱々の状態での皮むきは大変という理由から、前もって皮をむいてからゆでている人も少なくないのではないか。

しかし、これはやってはいけない調理法。ジャガイモの持つ重要な栄養分、ビタミンCは水溶性なので、ゆであがるまでの間に5割ほども流れ出てしまう。この流出を防ぐため、ジャガイモは皮つきでゆでるのが鉄則だ。

熱々のジャガイモの皮をむくのは、じつは全然難しいことではない。皮にごく浅い切り込みを入れてからゆでて、冷たい水に10秒程度浸けて取り出す。こうするだけで、皮がキュッと縮み、スルッと簡単にむける。

ビタミンC流出！切り込みを入れて皮ごとゆでる

残念

干しシイタケ

ぬるま湯や電子レンジで戻す

深い味わいのあるだしが魅力の干しシイタケ。水で戻すのは時間がかかるから面倒と、はるかにお手軽なぬるま湯や電子レンジを使って戻す人も多いだろう。

確かに、ぬるま湯に浸けても、電子レンジでチンしても、干しシイタケは戻ったような状態になる。しかし、ある調査によると、水でちゃんと戻した場合と比べると、ぬるま湯で戻したものは8分の1、電子レンジでチンしたものは300分の1以下のうま味しか含んでいなかった。どちらも、戻ったように見えただけなのだ。

やはり、干しシイタケは水で戻すのが正解。常温ではなく、冷蔵庫に入れておくと、調理する段階でさらにうま味が出てくる。肉厚のどんこは半日~1日、かさの開いた香信《こうしん》なら4~5時間、水に浸しておくようにしよう。

低温でじっくり戻さないと、うま味があまり出ない

残念

キクラゲ

「どんこ」のように、ひと晩水に浸ける

中華料理で珍重されるキクラゲ。乾燥してちぢれた状態で売られており、これを使う分だけ水で戻す。

乾物は戻し方によって、料理の味わいが随分変わる。同じような乾燥キノコだから と、干しシイタケのどんこと同様、キクラゲをひと晩水につけっ放しにしておくと大変だ。やわらかくなり過ぎて、食感はぶよぶよで、おいしくなくなってしまう。

キノコ生産者が試したところ、ちょうど6時間水に浸したとき、乾燥前の生の重量に戻ったという。これが戻し時間のベストと考えていいだろう。ぬるま湯に浸ければ、ずっと早く戻るが、やめておいたほうがいい。細胞壁が開くことにより、キクラゲならではのうま味成分や栄養が湯に逃げ出してしまう。

やや長い。6時間浸けるのがベスト

残念

キャベツ

せん切りは水にさらしてパリッとさせる

キャベツのせん切りは、ただ切っただけだと、口当たりや歯ごたえがあまり良くない。そこで、水に浸けてシャキッとさせることを心がけている人も多いだろう。しかし、このひと手間は、本当に必要なのか？

キャベツに含まれる重要な栄養成分、ビタミンCは水溶性なので、水に長く浸けるほど流れ出ていく。栄養面を最優先させるなら、せん切りは水につけないのが一番だ。

ただし、せん切りはシャキッとしていないとおいしくない、という見方もあるだろう。そう思う人は、ごく短時間だけ氷水に浸けてみよう。常温の水道水なら、シャキシャキするまでに3～5分程度はかかり、その間、ビタミンCが抜けていく。だが、氷水なら1分さらすだけで、トンカツ専門店のせん切りのようにシャキッとする。

基本はそのまま食べる。さらす場合は氷水に短く！

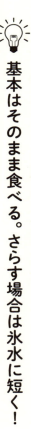

ZANNEN ZANNEN ZANNEN

肉と魚がまずくなる 下ごしらえ

ひき肉のこね方、
鶏のから揚げの漬け込み方、
シジミの砂抜きの仕方。
いつものその下ごしらえが
大間違いだったとしたら…。

ZANNEN ZANNEN ZANNEN

残念

ハンバーグ

ひき肉に調味料と野菜を加えてこねる

ハンバーグ作りは、ひき肉のこね方が肝心かなめ。牛と豚の合いびき肉に、あらかじめ炒めて冷やしておいた玉ネギを混ぜ、調味料を加えて、粘りが出るまでよくこねる。こうして作る人は多いだろうが、大きな間違いを犯している。

ひき肉はまず、塩だけを加えてこねるのが正しい調理の仕方だ。肉の粘り気が早く出て、脂とうま味を包み込むので、ジューシーな仕上がりになる。これに対して、野菜などを加えてこねると、粘り気が出るまでに時間がかかり、脂が溶けてうま味を失いやすくなってしまうのだ。

餃子の場合も、まず肉だけをよく練って、粘り気を出してから野菜を加えるようにする。こうしないと、野菜から水分が出て、肉の味がぼんやりしてしまう。

まず塩だけで練らないと、粘りが出ない

ひき肉を手でよくこねる

ハンバーグを作るときは、ひき肉を手でよくこねて、粘り気を出すのがいちばんのコツ。こう信じて実行している人のハンバーグは、焼くうちに脂が肉汁とともに溶け出して、ジューシーな焼き上がりになりにくい。

じつは牛肉や豚肉の脂肪分は、人間の体温程度の温度でも溶けてしまう。このため、手でよくこねるうちに脂が溶け出してベタベタになる。こうしたタネを加熱すると、脂が一層流れ出てしまうのだ。

ひき肉をこねるのは手ではなく、へらかすりこ木を使うのがおすすめだ。これだと、肉の脂を溶かすことなく、しかも大きくかき混ぜることができる。手でこねたものと食べ比べてみたら、ジューシーさがかなり違うのに驚くことだろう。

体温で脂が溶けるので、へらかすりこ木で

残念

鶏のから揚げ

ひと口大に切ったら、すぐに下味をつける

夕食のメインディッシュやビールのつまみ、弁当のおかずなど、いろいろなシーンで主役を張れる鶏のから揚げ。家庭料理でも屈指の人気メニューだが、仕上がりがパサパサ気味になることはないだろうか。

いまひとつの味わいになってしまうのは、油で揚げている間、鶏肉から水分がじわじわ抜け出ていくからだ。ふっくらジューシーなから揚げにするには、下味をつける前に、ほんのひと手間をかければいい。えっ、そんなことで!?と、ビックリするほど簡単。ボウルに水をためて、鶏肉を10分浸けておくだけだ。

早く調理を済ませたい場合は、手でもみ込むと時短になる。鶏肉200gに対して、大さじ2程度の水をかけて、よくもみ込むようにしよう。

鶏肉に水を含ませたら、醤油や酒などで好みの下味をつけてから、二度揚げで仕上げる。こうして調理すると、加熱中に水分が失われても、鶏肉のなかには水分がまだ

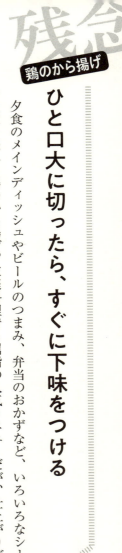

十分保たれているはずだ。

できあがったから揚げは、全体的にふっくらしている。食べるとパサパサ感はなく、噛むと肉汁があふれ出すことだろう。

普段、ヘルシーな胸肉を使うことが多い場合は、この方法が一層おすすめだ。胸肉のから揚げは、どうしてもパサパサになりがちだが、あらかじめ水を含ませておけば、数段ジューシーな仕上がりになる。

その前に水をもみ込めば、ぐっとジューシーに！

ひと晩、タレにじっくり漬ける

鶏肉のから揚げを作るときは、醤油や酒、ショウガ、ニンニクなどを混ぜたタレに漬けて、下味をつけるという下ごしらえが必要だ。

このとき、味が濃いほうが好きだからと、タレに1～2時間、あるいはひと晩以上漬け込んでいる人はいないだろうか。こうすれば、確かに味は濃くなるかもしれないが、肝心の鶏肉自体のうま味は薄くなってしまう。

タレに漬けるのは15～20分程度で十分。長くても30分を超えないようにしよう。長く漬け込むと、タレと鶏肉内部の浸透圧の違いによって、水分やうま味が失われていく。この結果、パサパサした残念な仕上がりのから揚げになってしまうのだ。長く漬けるほど、料理の味が良くなるような気がするのは大きなカン違いだ。

漬け過ぎると、水分とうま味が抜けてパサパサに！

砂抜きをしたら、すぐに調理する

シジミの砂抜きが終わったら、早速、鍋に入れて火をつけて……こうした手早い段取りで進めるのはやめたほうがいい。シジミは、まだまだおいしくなるからだ。

シジミは水から出してもすぐには死なず、無酸素状態のなかでも、体内でエネルギーを得る機能を身につけている。この機能を発揮しているとき、うま味成分のひとつであるコハク酸が増加するのだ。極限状態のなか、必死で頑張るシジミには気の毒だが、この仕組みを利用しない手はない。

砂抜きが終わったら、シジミを並べたザルを塩水から出し、濡れ布巾をかけて、夏なら冷蔵庫、それ以外の季節は常温で3時間程度放置。うま味成分が増えたところで調理して、一層おいしく味わおう。

水からあげて3時間放置すれば、うま味がアップ！

シジミ

アサリは塩水、シジミは真水で砂抜き

味が良く、深みのあるだしがとれるうえ、肝機能も改善してくれる素晴らしい食材のシジミ。味噌汁などで大いに食べたいものだが、調理する前に砂抜きというひと手間が欠かせない。

アサリの砂抜きは海水と同じ程度の塩分濃度の塩水で、シジミは淡水の水道水で行う。これがかつての砂抜きの〝常識〟だった。しかし、いまでは間違いであることがわかっている。水道水をそのまま使って、シジミの砂抜きをしたら、せっかくのうま味を失ってしまうのだ。

シジミは淡水産の二枚貝だと思っている人がいるかもしれないが、一般的に流通しているヤマトシジミは、海水と淡水が混じる汽水域の湖や河口が生息場所。塩分濃度0・5～1％程度の水のなかにいるのが自然な状態だ。

貝類は塩分の混じった水のなかにいると、そのままでは浸透圧の違いによって、細

胞内の水分が奪われる。それでは死んでしまうので、細胞内のアミノ酸を増やすことによって、細胞の内と外の浸透圧を調整し、水分を奪われるのを防ぐ。つまり、うま味たっぷりの食べておいしい状態になるわけだ。

これに対して、淡水のなかにいるときには、低い浸透圧に合わせるため、細胞内のアミノ酸を減らして調整する。こうした独特の浸透圧調整作用を行うため、水道水で砂抜きをするとうま味成分が減って、おいしくなくなってしまうのだ。

シジミの習性から、生育環境に合わせた塩分濃度0・5〜1％程度で砂抜きをするのが正解だ。できれば底の深いザルではなく、平たいザルに重ならないように入れて、バットのような容器の上に置く。吐き出した砂を再び吸い込むことのないように、ザルは容器の底から離しておくようにしよう。

水はひたひたで、殻の一部が水面すれすれになる程度がベスト。夏なら3〜4時間、冬は4〜5時間、暗いところに置けば、砂が抜ける間にうま味もぐっと増える。

薄い塩水で砂抜きすると、うま味成分がアップ！

残念

しめサバ

もちろん、塩でしめる

しめサバを作るとき、まずは大量に塩をふるのが一般的だ。しかし、この方法では水分が抜けていく一方で、塩がきつくなり過ぎる場合がある。

塩辛くならないようにするには、塩ではなく砂糖を使って脱水するのがコツだ。甘くなりそうだが、そんなことはない。砂糖の分子は大きいので、塩とは違って身のなかまで入っていけず、浸透圧により水分だけを外に出すことができる。

砂糖をふって40分程度おき、ほど良く脱水したら水洗い。次は味つけのため、塩を全体にまぶして1時間半程度おく。このあと、再び水洗いして、酢で20～30分ほどしめる。食べる前に薄皮をむき、腹骨や小骨を取り除けば完成だ。塩辛くなりにくいこのレシピで、ぜひしめサバを作ってみよう。

砂糖なら染み込まず、水分だけを出せる

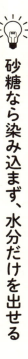

炙ったら、氷水でしめる

皮ごと表面だけを炙って食べる、カツオのたたき。わらで焼くと一層香ばしくなるが、家庭のガス火でも十分おいしく仕上げられる。

五徳をはずし、ガスの火力を全開にして、金串に刺したカツオを炎のなかに差し込む。青い炎は温度が高過ぎて焦げやすいので、やや低温の赤い炎のなかで炙るのがポイントだ。全体が香ばしくなったら、炙るのをストップ。すぐに、氷水のなかへ……絶対に入れてはいけない。

カツオのたたきは、炙ったらすぐに氷水で冷やすのが正しい、と思っている人が多いようだ。しかし、それではせっかく溶けた甘い脂がかたまったり、氷水に流れたりしてしまう。炙り立ての温かいうちに味わうのが、最もおいしい食べ方なのだ。

溶けた脂がかたまるのでNG！ 温かいうちに食べる

残念

レバー

しっかり血抜きをして臭みを取る

レバーは鉄分などの栄養をたっぷり含む食材だが、料理に独特の臭みが出やすい。このため、レバー料理を作るときには、事前に水や牛乳に浸けておく「血抜き」が必要とされている。しかし、これは本当に必要なのだろうか。

じつは、レバーを水にさらしても、血が抜けるのは表面だけ。残り90％以上の血は、レバーの内部にとどまっている。血抜きの効果はごくわずかなのだから、わざわざ手間をかけてやる必要はない。

レバー料理の臭いは、加熱しているときに発生する。加熱されることによって、血液に含まれる鉄分が活性化。不飽和脂肪酸のひとつであるアラキドン酸が酸化され、独特の生臭さが生まれるのだ。

レバーを食べるには加熱が必要なので、レバー臭さをゼロにすることはできない。しかし、臭みを少なくすることは可能だ。

レバー臭さを抑えるポイントは、できるだけ短時間で調理し、アラキドン酸の酸化を抑えることに尽きる。レバニラ炒めの場合、レバーを野菜といっしょに炒めると、火が通るまでに時間がかかってしまう。

そこで、事前にレバーを多めの油で一気に加熱して取り出しておこう。そのあと、野菜を炒めて火が通ったら、そのレバーを加えて味つけ。こうすると、レバー臭さの少ないレバニラ炒めを作ることができる。

臭みとほぼ無関係。決め手は短時間料理!

残念

切り身

一尾の魚のように水道水で洗って食中毒予防

魚を一尾の状態で買い求めた場合、内臓とエラを取り除いたら、水道の流水で全体をさっと洗うのが鉄則だ。これは腸炎ビブリオによる食中毒を予防するため。塩分のある環境を好む腸炎ビブリオは、淡水の水道水を浴びると、浸透圧によって体が破裂して死んでしまう。しかし、魚の切り身を買った場合、水道水で洗うのは厳禁。味がガクッと落ちるので、絶対にやってはいけない。

表面を皮で守られた一尾の状態とは違い、切り身は身がむき出しになっている、このため、水で洗ったら、大事なうま味やたんぱく質が流れ落ちてしまうのだ。切り身の表面が濡れていたり、血がついたりしていた場合、水で洗い流すのではなく、キッチンペーパーで軽く拭き取ってから調理しよう。

うま味が流れ出てしまうのでNG

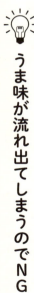

指でつまんでパラパラとふる

ステーキやソテー、魚の塩焼きなどを作るとき、焼く前に塩をふっておくことが欠かせない。では、どのようにふるのが正解なのだろうか。

塩を指でつまんで、魚や肉の30㎝ほど上から、パラパラと満遍なくふるのが正しいと思うかもしれない。しかし、強めに塩をする場合、このやり方では全体に均等にふりかけることは難しい。

良くないのは指でつまんでふるという点で、これでは塩の濃淡が出やすくなってしまう。正しいふり方は、やや多いと思われる量の塩を握り、手の甲を下にして、指の間からパラパラ散らすこと。こうすると、落とす塩の量をコントロールしやすいので、満遍なく均一にふることができる。

ムラが出る！　手の甲を下にして指の間から落とす

残念

ふり塩

塩を容器から出して、そのままふる

ふり塩はシンプルな作業だが、決して簡単ではなく、奥が深い。特に和食の世界では、塩のふり方は料理の出来栄えを左右する重要な技術だとされている。

ふり塩では、どのような塩を使うのかも大きなポイントとなる。ここでは、塩の「種類」ではなく、「状態」にスポットを当ててみたい。容器から塩を取り出し、そのままふる人は少なくないだろうが、極上の焼き上がりにはなりにくい。

塩は水分を含んで湿りやすい。湿気でかたまっていると、粒が大きくて重くなっているため、バランス良く散らすのが難しいのだ。塩をふるときは、事前にフライパンや鍋で軽く乾煎りにして、冷ましてから使うようにしよう。粒の大きな天日塩の場合、乾煎り後、すり鉢ですりつぶせば使いやすくなる。

乾煎りしないと、均一にふりにくい

無駄で効果なしの煮方・温め方

日々の食卓によくのぼる
煮物や汁物、シチュー。
無駄な加熱の仕方や
効果のない調理方法を
選んでいないか確認しよう。

残念

シジミの味噌汁

水から強火で熱してだしをとる

シジミやアサリの汁物を作るとき、水を入れた鍋に投入し、強火で沸かしている人はいないだろうか。それでは、だしがあまり出ないので、深いうま味を感じない、残念な味わいの味噌汁や吸い物になってしまう。

強火で加熱するのがNGなのは、湯が早く沸くことによって、身のたんぱく質がすぐにかたまり、コハク酸を中心とするうま味成分が出にくくなるからだ。これに対して、水からゆっくり加熱していくと、貝がかたくなるまでに時間があるため、うま味が湯にたっぷり溶け込むことができる。

決して強火ではなく、5分程度かけてゆっくり沸いていくような火加減をキープ。沸騰したらすぐに弱火にして、アクをすくってから火を消し、味つけをしよう。

時間をかけて沸かしたほうが、だしがよく出る

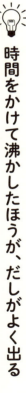

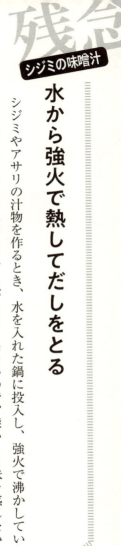

よく煮て味を染み込ませる

時間をかけてこってりと煮込み、飴色になった魚の煮つけはおいしそう。しかし、食べてみたら、甘辛い醤油と砂糖の味ばかりで、魚のうま味を全然感じない……。この煮つけがおいしくなかった理由は明らか。必要以上に煮過ぎてしまったことだ。

肉は煮込むほどやわらかくなるが、魚の筋肉は逆にかたくなってしまう。加えて、繊維状に崩れやすくなり、大事なうま味も抜けていく。煮れば煮るほど、料理の味がどんどん落ちていってしまうのだ。

煮つけを作るには、煮汁を先に煮立ててから、そこに魚を投入する。うま味が逃げにくいように、煮汁は少なめにしておこう。煮汁が全体に回るように落としブタをして、切り身や魚の大きさにもよるが、だいたい6～8分も煮れば十分だ。

煮過ぎるとかたくなって、うま味も逃げていく

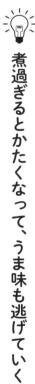

残念

おでん

大量に作って、何度も温め直して食べる

つい大量に作ってしまいがちな料理がおでん。たくさん作っておいて、繰り返し温め直して食べている人は多いだろう。しかし、そうするうちに味が濃くなって、やがて素材の持つ味わいが失われてしまう。煮物は煮るときに味がつくのではない。加熱されたあと、ゆっくり冷めていくとき、じんわりと味が染み込んでいく。このため、何度も温め直していると、どんどん濃い味になっていくわけだ。

これ以上、味を濃くしたくないなら、食べる分だけを容器に取り、電子レンジで加熱しよう。こうすれば、味を変えないまま、食べていくことができる。このとき、注意すべきなのが卵の扱い。電子レンジで加熱すると、内圧が高まって破裂することがあるので、半分に切ってから温めるようにしよう。

味がどんどん濃くなる！ 電子レンジで温めて食べよう

残念

肉ジャガ

煮汁が少なくて済むように、小さめの鍋で作る

肉ジャガを作ったところ、残念ながら、煮崩れてしまうことは少なくない。理由としては、さまざまなことが考えられる。煮崩れしやすい品種を使った、水からゆでなかった、炒めないでそのまま煮た、強火で煮過ぎた……。こうしたよくある手順の失敗のほか、忘れがちなのが、調理する鍋の選び方を誤ってしまったことだ。

肉ジャガを作る鍋は、ジャガイモやニンジンが鍋にちょうど並ぶ大きさがベスト。大き過ぎても、小さ過ぎても煮崩れしやすくなってしまう。鍋が大きい場合、加熱時にジャガイモが踊るスペースができる。一方、鍋が小さいと材料が重なり、重みでつぶれてしまう。ぴったりの大きさの鍋を使い、ひたひたの煮汁でジャガイモが動かないように煮るのが、煮崩れを防ぐ大事な条件のひとつだ。

鍋が大きいと材料が踊り、小さいとつぶれる！

残念

面取り

煮崩れ防止に、野菜を面取りする

大根、カボチャ、ジャガイモ、サトイモ、ニンジンなど、野菜の煮物を作るときには、面取りをするのが〝常識〟。この考え方は、本当に正しいのだろうか。

切った野菜の角の部分をそぎ取り、煮崩れしないようにひと手間かけるのが面取り。こう思っている人が多いだろうが、じつは煮崩れ防止よりも、料理の見栄えのためにあるテクニックだ。このため、家庭料理では特に必要な作業ではなく、面倒だったり、もったいないと思うのであれば、やらなくてもかまわない。

煮崩れする最も大きな理由は温度。野菜が鍋のなかで踊るような高温で煮たら、面取りをしていても崩れてしまう。適温は60℃~70℃。野菜が煮汁のなかで動かず、湯気がゆらゆら揺れる程度の温度を保つのが、煮崩れ防止の正しい方法だ。

必要なし。高温でぐつぐつ煮ないほうが大事

残念 イカ

輪切りにして、よく煮込む

イカの煮物はプリプリした食感が身上だが、実際にはかたくなったり、輪切りにした側面がそり返ったりと、残念な結果に終わってしまうことが多い。

上手に仕上がらない原因のひとつは、時間をかけて煮過ぎることだ。とはいえ、手早い調理を心がけても、イカはかたくなったり、そり返ったりしやすい。この原因は、輪切りにして煮ることにある。

加熱によって、イカの皮は身の部分よりも縮みやすい。このため輪切りにしてから加熱すると、皮が先に縮んで身を引っ張り、よりかたくなったり、側面がそり返ったりする。やわらかい煮物を作るには、イカを丸のままで煮るのがポイント。火が通ったら、いったん取り出して輪切りにし、火を止めた煮汁に浸けて味を染み込ませよう。

身が縮んでかたくなる。丸のまま煮てから輪切りに

残念

干しヒジキ

水で戻して、そのまま煮物に

ちょっと地味な存在ながら、定番の副菜として、定食や弁当によく登場するヒジキの煮物。ヒジキは海藻の一種で、乾燥した状態で販売されている。調理する場合、水で戻して、油揚げやニンジンといっしょに煮汁で煮ることが多い。

こうした手順のなかで、間違うところなどないと思うかもしれないが、じつは大多数の人が実行していない意外なポイントがある。それは、水で戻したあと、軽くしぼって水気を切るというひと手間だ。

干したヒジキは非常に水を吸いやすい。完全に水で戻したら、重量は約8倍になるほどだ。このため、水で戻したヒジキは水をたっぷり含んでいるので、煮ても味が染み込みにくい。

そこで、水からあげたら軽く手でしぼり、それから電子レンジで1分余り加熱してみよう。こうすると、水分が飛んで少なくなるので、煮るときに煮汁をぐっと吸いやすくなる。

手でしぼるときには、力を込めてはいけない。強くしぼり過ぎると、ヒジキ独特のうま味やミネラルなどの栄養分まで流れ出ていってしまうからだ。

ヒジキの煮物を味よく仕上げるためには、煮過ぎないというのも重要なポイントだ。

干しヒジキは製造過程で、すでに十分蒸されている。煮るのは火を通すためではなく、あくまでも味つけが目的なので、3分程度の短時間、加熱するだけで十分だ。

味が染みにくい！　軽くしぼってレンジでチン

残念

ミネラルウォーター

軟水の国産品でシチューを作る

水道水の味や塩素などが気になって、ミネラルウォーターを利用している人は多いだろう。料理に使っている人も少なくないかもしれない。しかし、ミネラルウォーターのタイプによっては、料理の味をかえって落とすことがある。

主に国産のミネラルウォーターは軟水で、海外産と海洋深層水は硬水が主流。カルシウムとマグネシウムが少ないのが軟水で、逆に多く含まれているのが硬水だ。

軟水と硬水は、料理に与える効果が大きく違う。野菜の煮物に合っているのは軟水だ。ミネラル分が少なく、野菜に染み込みやすいので、煮物をやわらかく仕上げることができる。これに対して、硬水を使うと、豊富に含まれるカルシウムの効果により、野菜の食物繊維がかたくなってしまう。

だしとの相性も、軟水のほうがいい。硬水を使った場合、豊富に含まれるミネラル類が、うま味成分であるグルタミン酸やイノシン酸の抽出を邪魔してしまうのだ。さらに、アミノ酸にカルシウムやマグネシウムなどが作用し、アクに変えてしまうともいわれている。

ごはんを炊く水としても、優れているのは軟水だ。ごはんを軟水で炊くと、米の内部まで水が浸透しやすく、ふっくらした炊き上がりになる。一方、硬水を使うと、カルシウムが食物繊維をかたくして、ぼそぼそした炊き上がりになりやすい。

料理に使うミネラルウォーターとしては、軟水が圧勝する勢いだが、シチューや角煮といった、肉の煮込み料理には硬水のほうが合っている。肉に含まれるアクをよく出してくれるからだ。

ミネラルウォーターを料理に使う場合は、こういったことを理解したうえで、軟水と硬水を使い分けるのがいいだろう。ただし、国産のミネラルウォーターと同じく、日本の水道水も軟水だ。ごはんを炊いたり、野菜の煮物を作ったりするのに、わざわざ高価なミネラルウォーターを使う必要はないかもしれない。

使うなら、肉のアクがよく出る硬水の輸入品！

残念

炊き込みごはん

米と具をよく混ぜてから炊く

多くの場合、炊き込みごはんのレシピはシンプルだ。ごはんと具を合わせ、醤油などの調味料を加えて、あとは炊くだけ。こんなわかりやすい料理なのに、炊き上がりにむらがしばしばあるのなら、具の扱い方を間違っている可能性がある。

炊き込みごはんでよくある失敗は、米と具を混ぜ合わせてから炊くこと。こうすると、米と具が混ざり合って炊き上がるので、均一に味が染み込みやすいような気がするかもしれない。しかし、結果はまったく逆。米と具は火の通り具合が違うことから、混在していると、炊きむらが出やすくなってしまうのだ。

炊き込みごはんは、具を米の上にのせて炊くのが正解だ。米は米、具は具でまとめておいて均一に火を通し、炊き上げてからしゃもじで大きく混ぜるようにしよう。

具を米の上にのせないと、均一に炊けない！

栄養も風味も失うゆで方

野菜や肉をゆでるのなんか簡単。
こう軽く思っている人は、
改めて手順を見直すべきだ。
意外な落とし穴に
気づいていない可能性は大！

残念

しゃぶしゃぶ

熱湯で手早くゆでる

薄切り肉を箸でつまみ、ぐらぐらの熱湯のなかを泳がせるようにくぐらせ、さっと火を通して食べる。このようにして味わうしゃぶしゃぶは、残念ながら、本来の肉のうま味を失っている。

肉は65℃前後でかたまりはじめ、80℃を超えるとうま味成分が逃げ出していく。このため、熱湯にくぐらせると味が落ちてしまうのだ。

こうした肉の性質から、しゃぶしゃぶのゆで湯は低めのほうがいい。しかし、肉がようやくかたまる65℃では、ゆで上がるのにやや時間がかかる。ベストの温度は、それよりも少し高い70℃あたり。鍋の水を加熱して、底から小さな泡が立ちはじめるころの温度だ。火力を調整して、この適温をキープしよう。

うま味が逃げないように、70℃程度の湯でゆでる

しゃぶしゃぶ

豚肉の冷しゃぶを氷水にとる

夏の暑いシーズンは、冷たいしゃぶしゃぶがおいしい。豚肉の薄切りを手早くゆでて、湯気がたくさん出ている肉を氷水に一気に浸ける。そして、十分冷たくなった肉を皿に盛って食卓に出すと……おいしくないのはなぜなのか？

冷しゃぶを作るときは、氷水に浸けて冷やしたくなるかもしれないが、やめておいたほうがいい。肉が冷え過ぎて、いったん溶けたうま味たっぷりの脂が白くかたまり、ベタついてふんわり感のない味わいになってしまうからだ。

とはいえ、夏だから熱い肉は食べたくない。そこで、薄切り肉に火を通したら、氷水ではなく、常温の水で冷ますようにしたい。温度がある程度下がったら、取り出してザルに盛り、水気を切ってから食べよう。

冷え過ぎて脂分がかたまる！常温の水で冷ます

残念

ソーセージ

ぐらぐらの熱湯でゆで上げる

ソーセージは製造過程で十分加熱されている「加熱食肉製品」なので、じつは袋から取り出して、そのまま食べることができる。とはいえ、もちろん加熱するのが一般的な食べ方。溶けた脂のうま味を感じられるので、やはりちゃんと温めてから食べるほうがいいだろう。

加熱の方法としては、ゆでるか炒めるか、好みが分かれるところだ。ゆでる場合は、沸騰した湯でゆでている人が多いのではないか。しかし、この調理方法は禁物だ。ソーセージの内部が高温になり過ぎると、湯のなかにうま味や脂が溶け出してしまう。肉の脂が溶けてジューシーになり、しかもうま味が湯のなかにあまり抜け出さないのは70℃〜80℃程度の温度帯。この範囲内の温度まで湯を沸かして、2〜3分程度、軽くゆでるようにしよう。

温度を気にしないでゆでる方法もある。鍋の湯を一度沸騰させてから、冷蔵庫から出したばかりのソーセージを入れる方法だ。こうすると温度が下がるので、そのまま5分ほど湯に浸けておくと、ベストのゆで上がりになる。

炒める場合は、こんがりと強めに焼きたがる人もいるが、やはりうま味が肉汁とともににじみ出てしまうので、やめておいたほうがいい。炒め方としては、短時間でフライパンから取り出すのがポイントだ。皮がはじけたら、調理終了の合図。切れ目を入れている場合は、切れ目が広がってきたときに取り出そう。

おいしく食べるには、70℃～80℃の湯がベスト！

残念

小松菜

普通にゆでておひたしにする

煮たり炒めたりと、多彩な料理に使える小松菜。ホウレン草のように、ゆでておひたしにすることも多いだろう。しかし、ゆでる間、水溶性のビタミンCが流出してしまう。そこで、おひたしにするのなら、ゆでない調理法がおすすめだ。

小松菜の栄養を一切逃がさないおひたしは、意外な方法で作ることができる。ゆでないで、生のまま冷凍するのだ。いったん凍らせてから自然解凍すると、細胞壁が壊されて、ゆでた場合と同じようにやわらかくなる。そのまま醤油などで味つけしたら、おひたしのできあがりだ。

青菜は生で冷凍できないという〝常識〟を打ち破る裏ワザ。栄養もうま味成分もそのままなので、ぜひ試してほしい。

生のまま冷凍し、自然解凍で栄養そのまま！

残念

カボチャ

地面から上の野菜だから、湯からゆでる

野菜のゆで方には基本がある。地面から上にできるやわらかいホウレン草や小松菜、白菜、アスパラガス、オクラ、枝豆などは湯でさっとゆでて、地面から下にできるかたい大根やカブ、ニンジン、イモ類などは水からじっくりゆでるというものだ。

この基本に従い、カボチャは地面の上に実がなる野菜だからと、湯からゆでたら大変だ。甘くなく、ほっこりもしていない、まずい煮物になってしまう。

カボチャはでんぷんが多いので、例外的に水からゆでるのが正解。でんぷんを糖に変える酵素のアミラーゼは、30℃～65℃の温度で活発に働く。この性質から、ゆっくり温度が上がっていくと、アミラーゼの働きによって糖が増え、甘くて粘り気のある状態へと変化する。トウモロコシも同じように、水からゆでるようにしよう。

水からゆでると、でんぷんが糖に変わって甘くなる！

残念

ゆで卵

冷蔵庫から出して、すぐに熱湯に入れる

卵を熱湯でゆでるだけのゆで卵。これ以上ないほどシンプルな料理だが、しばしば失敗してしまう。

よくある残念な失敗のひとつが、卵の殻にひびが入って、そこから白身が漏れてかたまり、見た目の悪いゆで卵になってしまうことだ。汚くはみ出した分を取り除けば、栄養を無駄に捨てることにもなってしまう。

卵にひびが入るのは、冷蔵庫から取り出して、すぐに熱湯に入れたときに起こりやすい。鍋の底に当たった衝撃と、急激な温度変化にさらされるダブルショックでダメージを受けるのが原因だ。

こうしたひび割れは、卵を水からゆでれば防ぐことができる。しかし、湯からゆでる調理法よりも、かたまるまでに時間がかかってしまうため、黄身が中心からずれやすい。菜箸でころころ転がしながらゆでると、黄身の偏りを抑えることができるが、

それもけっこう面倒だ。

現実的に考えると、ゆで卵程度につきっきりになるのはしんどいだろう。沸かした湯に卵を投入し、あとは放っておいて別の調理を行うほうが効率的だ。

湯を沸かしてから卵を入れる場合、ひび割れを防ぐにはふたつの方法がある。ひとつは、お玉などに卵をのせて、湯のなかにそっと入れるやり方だ。こうすると、鍋底に当たる衝撃をなくすことができる。

もうひとつは、熱湯に入れたときの急激な温度差をなくすため、卵を常温に戻しておく方法だ。前もって冷蔵庫から出しておくのが簡単だが、常温に戻るまではけっこう時間がかかる。

そこで、冷蔵庫から卵を出したら、ボウルに水を張って浸けるようにするといい。10分程度浸けておくと、卵は常温に戻る。こうして熱湯に入れれば、冷たい卵をゆでる場合よりも、ゆで時間を短くすることもできて一石二鳥だ。

ひび割れ防止に、水に浸けて常温に戻してから

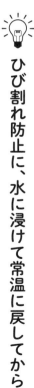

残念 ブロッコリー

ぐらぐらの熱湯でゆで続ける

ブロッコリーはゆでるのが難しい、と思っている人は少なくないのではないか。ゆで時間が足りないと芯がかたく、長めにゆでるとつぼみの部分が崩れてしまう。いったい、どうやってゆでたらいいのか……。

うまくゆで上がらないのは、強火で終始ゆでているからかもしれない。こうしたゆで方では、かたい部分とやわらかいところが出やすい。ブロッコリーをおいしくゆでるには、火加減を途中で変えるのがコツなのだ。

まず、鍋の湯が沸騰したら、火加減は強火のまま、ブロッコリーを入れる。沸騰した湯に入れるのは、つぼみ部分の緑色を鮮やかにするためだ。ぐらぐらした熱湯でなければ、見て食欲がわくような濃い緑色は出ない。

ブロッコリーを入れたら、湯の温度はいったん急激に下がる。しかし、強火をキープしているので、ほどなくもう一度沸騰するはずだ。このまま強火で最後までゆでたくなるかもしれないが、これが残念な失敗のもと。ベストのゆで加減にするには、再沸騰したらすぐに火力を少し弱めるのがポイントだ。

ぐらぐらの熱湯でゆで続けると、芯の内部がやわらかくなる前に、つぼみの外側の部分が高熱によってダメージを受ける。そして、芯に火が通ったころには、ぐじゅぐじゅのやわらかさになってしまうのだ。

つぼみの部分を崩さないため、湯の表面が少し揺れて、さざ波が立つくらいの火加減に調整。ぶくぶく泡があがるようなら熱過ぎる。火力をうまく調整して、ちょうどいい沸き方をキープするのが肝心だ。ゆで上がりを正確に知るには、芯に竹串を刺してみよう。す~とスムーズに入っていけばOKだ。

なお、ブロッコリーはつぼみのなかに小さな虫が入っていることがある。心配なら、塩分濃度1%のごく薄い塩水を作り、逆さにして浸けておくといい。虫がいる場合、嫌がってはい出してくる。

再沸騰したら火を弱めると、均一にゆで上がる

残念

ブロッコリー

ゆでたら青菜のように水にとる

ブロッコリーを上手にゆでることができても、最後の仕上げで大失敗したら、元も子もない。

ブロッコリーをゆでて湯から上げたとき、ホウレン草のように、水に浸けて冷ます人がいるようだ。せっかくベストのゆで加減であっても、つぼみのなかに冷たい水が入り込むと、水気が抜けにくくなってまずくなる。

ブロッコリーはゆでたら、すぐにザルにとって、水にさらすことなく冷ますようにしよう。キッチンペーパーを敷き、その上で逆さまにして置いておけば、水は自然と抜けていく。ゆでてすぐに食べたい場合は、茎の部分を持って、軽く振ってみよう。こうすると、簡単に水切りができる。

水っぽくなるので、水に浸けずに冷ます

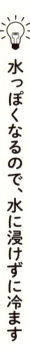

小房に分けてからゆでる

カリフラワーはブロッコリーによく似ているが、生食もOKの便利な野菜。さっとかためにゆでて、ほど良い食感を楽しみたい。ブロッコリーのように切り分けてゆでることが多いだろうが、火が通りやすいので、もっと簡単なゆで方ができる。切らずにまるごとゆでる方法だ。

大きな鍋を使って、たっぷりの湯でまるごとゆで、早めに出して余熱で仕上げるようにしよう。小さなブロッコリーも、同じようにまるごとゆでてかまわない。

ゆでてから小房にわけると、生のときのようにボロボロ崩れないのもメリットだ。芯は火が通りにくいので、十字の形に隠し包丁を入れておくこと。水には塩だけでなく、小麦粉か酢を加えてゆでると、キレイな白色に仕上げることができる。

まるごとゆでるのが簡単！ しかも崩れにくくなる

残念

トウモロコシ

塩を加えた湯でゆでる

青菜をゆでるときには、色を鮮やかにするなどの目的で、塩を入れた湯でゆでる。トウモロコシの場合も、同じように薄い塩水でゆでてはいないだろうか。しかし、そのようにゆでると、シワシワになることがあるので、やめたほうがいい。

トウモロコシは青菜などと比べると、ゆで時間がやや長いこともあり、塩入りの湯でゆでると、浸透圧の作用によって水分が抜けやすい。この結果、ふっくら感がなくなって、シワシワになってしまうのだ。

トウモロコシの塩気は、ゆでてからつけるほうがいい。ゆであがったら、湯に対して3%程度の塩を加えて溶かし、10秒ほど置いてから引き上げよう。こうすると、適度な塩加減になる。

塩水でゆでると、シワシワに…。味つけはゆで上がってから

残念 トウモロコシ

皮を全部むいてからゆでる

夏を感じさせる野菜のひとつ、トウモロコシ。皮つきのいかにも新鮮なものを売っていると、思わず買いたくなってしまう。

では、ゆでるときに、その皮はどうしているだろうか。もちろん、はがしてからゆでるに決まっている……こういう人は、せっかくの風味をわざわざ落とすゆで方をしていることになる。

皮つきのトウモロコシは、皮を2〜3枚残してゆでるのが正しい。こうすると、キッチンラップを軽く巻いていているようなもので、熱湯が直接当たらず、風味を逃がさないでゆでることができるのだ。また、ひげを抜く下ごしらえがけっこう面倒だが、ゆでたあとなら簡単にむけるので、この点でもメリットがある。

皮を2〜3枚残せば、風味たっぷりのゆで上がりに！

残念

トウモロコシ

必ず熱湯に入れてゆでる

いくら新鮮なトウモロコシを手に入れても、ゆで方が良くなかったら台無しだ。いつでも沸騰した熱湯でゆでている人は、別のゆで方も試してみてはどうだろう。意外にも自分の好みに合っていたという、新しい発見があるかもしれない。

トウモロコシはゆで方によって、食感や味わいに相当な違いが出る。大きく分けて3通りあるので、それぞれの方法を試してみよう。

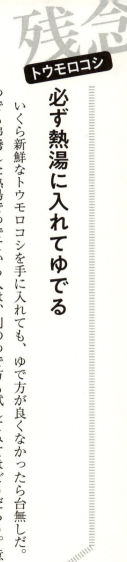

まず、沸騰した湯で一気にゆでるやり方がある。十分沸き立った湯に入れて、ゆで時間は3～5分。1粒1粒がふくらんできたら、火を止めて取り出そう。このようにゆでると、短時間で一気に火が通ることによって、シャキシャキした歯ごたえのある食感に仕上がる。

水からゆでる方法は2通り。ひとつは強火をずっとキープし、沸騰してから3～5分加熱してから引き上げるゆで方だ。こうすると、湯からゆでた場合と食感が随分異なり、ふっくらジューシーな味わいになる。

水からゆでるもうひとつの方法は、決して沸騰させないで、湯の表面が静かに波打つ状態を保つこと。こうして15～20分ゆでると、低温でじっくり加熱することにより、でんぷんが糖に変化しやすくなって一層甘くなる。

トウモロコシは水に浮くので、菜箸などを使って転がしながらゆでるか、小さな皿を重しにして浮き上がらないようにしておこう。

ゆで方は3通り。好みの味や食感を見つけよう

残念

アスパラガス

1本まるごと一気にゆでる

アスパラガスは長さのある野菜なので、鍋よりもフライパンのほうがゆでやすい。ただし、沸いた湯に1本まるごと浸けてゆでるのはNGだ。こうすると、全体的にゆでムラが出てしまう。

アスパラガスの穂先はやわらかくて火が通りやすい。一方、根元のほうはかたいので、ゆで上がるのにより時間がかかるのだ。

そこで、ゆでるときは穂先近くを握って、まず根元のほうだけを熱湯に浸けるようにする。そのまま20～30秒キープしてから手を離し、全体を湯のなかに浸す。この時間差攻撃がアスパラガスをおいしくゆでるコツだ。トータルで1分30秒～2分ゆでれば、ちょうどいい具合にゆで上がる。

まず根元部分だけをゆでると、ゆでムラなし！

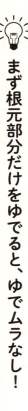

ZANNEN ZANNEN ZANNEN

ああカン違いな炒め方・揚げ方

ベチャベチャな野菜炒め、
パラパラほぐれないチャーハン、
うま味の抜けたエビフライ……。
まずい料理を作らないための
押さえるべきポイントを伝授！

ZANNEN ZANNEN ZANNEN

残念

野菜炒め

フライパンに油を入れてから火をつける

ビタミン類や食物繊維をたっぷりとれる野菜炒め。中華料理店で食べるものはシャキシャキなのに、家で作るとベチャベチャになるのはなぜだろう。

残念な失敗の大きな原因は、何といっても火加減だ。じつは、おいしい野菜炒めの作り方にはふたつの方法がある。ここでは鉄製フライパンを使い、強火をキープして、手早く簡単に作る方法を紹介しよう。

プロの真似をして、強火で作ってはみるものの、水分が抜けて歯ごたえもない仕上がりになるのは、時間をかけ過ぎだから。長い間、熱が加わることによって、野菜の表面の細胞が壊れてしまい、なかから水分がにじみ出てくるのだ。

シャキシャキの野菜炒めを強火で作るには、何よりも短時間で調理することが大切。その重要なポイントが、炒めはじめのときの火加減だ。一般的には、まずフライパンに油を入れてから熱し、熱くなったところで野菜を入れて炒めるだろうが、このスタート地点がすでに間違っている。

フライパンは空のまま強火で熱するのが正解だ。煙が出ても怖気づかず、1分待ってからサラダ油を入れよう。この「予熱1分→油」により、短時間調理にちょうどいい高温になる。逆の「油→予熱1分」だと、油が熱くなり過ぎて、野菜に火が通る前に表面が焦げてしまう。

油を入れたら、かたいニンジンや火が通りにくいピーマンなどから投入。かたい野菜は薄く切っておくことが大切だ。火加減は強火のまま20～30秒程度炒めたら、次はキャベツなどの火が通りやすい葉物を加える。そして、再び20～30秒ほど炒めたら、素早く味つけをして、皿に盛りつけよう。

この強火かつ短時間調理なら、予熱を合わせてたった2分弱で、シャキシャキした野菜炒めが完成する。ただし、炒める野菜が多いと、短時間では調理できないので、1回で作れるのは1人前。数人分を作る場合は、同じ手順を繰り返そう。

強火で熱してから、油を加えて高温調理

残念

野菜炒め

フッ素樹脂加工のフライパンで強火調理

終始、強火をキープする短時間調理をすると、おいしい野菜炒めを作ることができる。ただし、使える調理器具は鉄製フライパン。フッ素樹脂加工のフライパンの場合、空焚きも高温調理も厳禁なので、この調理方法を試すことはできない。

フッ素樹脂加工のフライパンを使うなら、「強火かつ短時間」とはまったく逆の「弱火かつ長時間」で調理しよう。

まず、冷たい状態のフライパンに野菜を入れる。同じような大きさに切りそろえること、かたいものはできるだけ薄く切ること、このふたつがポイントだ。野菜を入れたら、サラダ油を回しかけて、木べらなどで大きくかき混ぜ、均一に和える。そして火力を最も弱くして、いよいよ炒めていく。

2～3分に1回程度、上下をひっくり返すように大きく混ぜ、8～10分程度炒め続けるとできあがりだ。この調理方法でも、中華料理店で食べるようなシャキシャキした野菜炒めを作ることができる。

こうした低温調理で野菜がおいしく仕上がるのは、野菜の内部の温度が約60～70℃に保たれるからだ。

細胞と細胞をつなげる〝のり〟の役目をするペクチンは高温に弱いが、この程度の温度だとしっかり働く。このため、細胞が壊れることなく、シャキシャキの歯ごたえになる。「弱火かつ長時間」調理なら、2人前程度を一度に作るのも可能だ。

低温の長時間調理でシャキシャキに

残念 ナス

切り分けて、フライパンで油炒め

和風の焼きナスから煮物、中華風の炒め物、洋風のパスタやピザなど、さまざまな料理に使えるナス。使い勝手はいいものの、油をよく吸収するのが気になるところだ。油を使う料理を作ると、カロリーを相当多く摂取することになる。

ナスが油を吸収するのは、内部に空気の層が多くて、まるでスポンジのような構造になっているからだ。このため、火が通るのに時間がかかると、すき間にどんどん油が染み込んでしまう。

そこで、油を使った料理に使う場合、事前に電子レンジで加熱しておこう。食べやすくカットして、耐熱皿に並べてふんわりラップをかけ、600Wなら2分程度チン。こうして調理すると、炒める時間を短縮でき、ナスが油をあまり吸わない。

油を吸い過ぎるので、先に電子レンジで加熱

フライパンを大きくあおって作る

中華料理店では、チャーハンは中華鍋をブンブンあおりながら作る。これにならって、家庭でもフライパンをあおりながら作る人が多いようだ。けれども、こうした作り方では、残念ながら、ふんわりパラパラしたできあがりにはならないだろう。

プロが中華鍋をあおりながら作るのは、ごはんを油や卵とよく混ぜ合わせるためだ。しかし、この大技は強力な火力があってこそ可能なこと。家庭用コンロの火力は、業務用コンロと比べるとかなり劣るので、メリットよりもデメリットのほうが大きい。

家庭用コンロで大きくあおると、その途端にフライパンの温度が下がってしまう。チャーハンは強火で作るのが最大のポイントなので、このためにベチャベチャの仕上がりになりやすいのだ。フライパンは決してあおらないのが、家庭で作るときの鉄則だ。

家庭用コンロでは、フライパンの温度が下がる！

残念

チャーハン

木べらでかき混ぜながら作る

ふんわりパラパラのおいしいチャーハンを作るには、絶対押さえておくべきポイントがいくつかある。そのひとつが、かき混ぜるための道具の選び方だ。

火力の弱い家庭用のコンロでは、中華鍋をあおらないで、とにかく必死でかき混ぜ、ごはんと卵、油を一体化させなければならない。混ぜるのには木べらを使うのが一般的だが、一度に多くの量をかき混ぜにくいので、やめたほうがいい。

手早く大きくかき混ぜるには、より多くの量をすくえるお玉を使うのがベストだ。卵を割り入れ、ごはんを投入したら、まずはお玉の底で押さえつけて、ごはんと卵をなじませる、その後はとにかく、全力で混ぜる、混ぜる、混ぜる。これがおいしいチャーハンを作るためのコツのひとつだ。

混ざるのが遅い！ お玉を使って手早く混ぜる

残

チャーハン

卵を低い位置からフライパンに入れる

チャーハンの仕上がり具合は、溶き卵の扱い方でも大きく左右される。多くの人が間違っているのが、溶き卵を低い位置から流し入れていることだ。この方法では、卵がふわふわにならない。

溶き卵は高い位置から、糸を引くように流し入れるのが正解。こうすると、溶き卵のなかに空気が入り込むので、ふわふわになる。そこにごはんを落とし、卵でコーティングしながら炒めると、パラパラでしかもふんわりしたチャーハンになる。

卵については、温度にも注意が必要だ。冷蔵庫から取り出して、すぐに流し込むと、フライパンの温度が急激に下がってしまう。卵は作る30分ほど前に冷蔵庫から出し、常温に戻しておいてから使うようにしよう。

高い位置から落とせば、ふわふわに

残念

エビフライ

カロリーを落とすため、衣を少なめで揚げる

フライ、天ぷら、カツ……揚げ物は食べたいけれど、カロリーが高いのが気になる。そこで、自分で作る場合は、できるだけ衣を少なくして、油を多く摂取しないように注意している人もいるだろう。しかし、エビフライを作るときにパン粉の量を抑え、衣を薄くして揚げるのは禁物だ。それでは、おいしいエビフライは絶対にできない。

味のいいエビフライを作るには、エビの体の構造を知っておきたい。エビの筋肉は繊維が複雑に絡み合って、いわば荒縄のような状態になっている。こうした特殊な構造から、加熱されると身が縮み、繊維同士がギュッとしぼられて、うま味が流れ出ていきやすいのだ。

それでも殻つきの場合、殻が身を鎧のようにガードすることにより、うま味の流出をある程度抑えることができる。しかし、殻をむいて作る加熱料理では、むき出しになった身からうま味がどんどん失われていく。

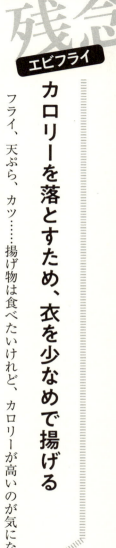

エビフライの場合、使うのは殻をむいたエビだが、衣を殻の代わりにすることによって、うま味を閉じ込めることが可能だ。そのためには、小麦粉と卵、パン粉をしっかりつけ、厚めの衣にしなければいけない。

これに対して、衣を薄くしたらどうか。身が熱からあまりガードされないので、縮みやすくなって、うま味が抜け出してしまう。確かにカロリーは多少低くなるが、味の面から考えるならNG。厚めの衣にして、エビ本来のうま味を味わおう。

身が縮んでうま味も激減！ 衣を厚くするのが正解

"うま味"を逃さない！
厚めの衣が
トレンディ
ファッション

おいしそうなキツネ色になるまで揚げる

こんがりキツネ色に揚がって、一見、とてもおいしそうなのに、食べたらジューシーさがなくてパサパサ……こんな鶏のから揚げを作ったことはないだろうか。

こうした失敗は、表面の色を見て、火の通り具合を判断することによって起こる。表面がキツネ色になったら、ちょうど良さそうに思うかもしれないが、じつはもう遅い。すでに内部は高温になり過ぎて、肉汁がしぼり出されている状態なのだ。

油から引き上げるのは、揚げはじめて2~3分程度。まだ衣が白っぽいが、これ以上加熱するとパサパサになりやすい。このあと、バットの上などで3~4分休ませて、なかまでじんわり火を通そう。そして、もう一度、1分ほど揚げる。これで、ジューシーさを失わず、しっかり火が通り、こんがりキツネ色のから揚げができあがる。

内部はもうパサパサ！ その前にいったん引き上げる

残念

パン粉

安い乾燥パン粉をそのまま揚げ物に使う

パン粉には大きく分けて、ふわふわサクサクに仕上がる「生パン粉」と、カリッと揚がる「乾燥パン粉」の2タイプがある。生パン粉にはパンの風味があるが、乾燥パン粉のほうが保管しやすくて値段も安め。このため、家庭では一般的に乾燥パン粉のほうがよく使われている。しかし、乾燥パン粉で作った揚げ物にはサクサク感がないので、ちょっと物足りない……。こう思っている人は少なくないだろう。

じつは、乾燥パン粉を使って、専門店のようなサクサクした仕上がりにするのは簡単だ。パン粉をまぶす前に、霧吹きで水を吹きかけるだけ。こうしておけば、加熱されたときに水分が蒸発し、衣のなかに小さな気泡がたくさんできるので、サクサクした食感が生まれる。水が跳ねると危ないから、控えめに霧吹きをしよう。

霧吹きで水をかけると、ぐっとサクサクに！

残念

揚げ出し豆腐

油が跳ねないように、しっかり水切り

揚げ出し豆腐は、家庭でも手軽にできる料理だが、間違った作り方をしている人が大半のようだ。豆腐をひと口大に切って水切りし、片栗粉をまぶして油で揚げて作る。この流れのなか、間違われることの多いのが、水切りの仕方だ。水分が多いと、油が跳ねて危険だと考えて、しっかり水切りをするケースがよく見られる。しかし、こうして作った揚げ出し豆腐は、味も食感も良くないはずだ。

豆腐の水分には、豆のうま味が含まれている。このため、水切りをし過ぎると、うま味の少ない、薄っぺらい味になってしまうのだ。加えて、水分が必要以上に減ることから、滑らかな食感も失われてしまう。水切りは5分程度で十分。片栗粉を全体にまぶせば油は跳ねないので、水分が適度に残っている状態で揚げるようにしよう。

うま味まで逃げるので、水切りは5分程度でOK

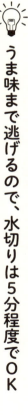

ANNEN ZANNEN ZANNEN

がっかりな
仕上がりになる焼き方

サンマの塩焼きからアジの干物、
ホタテのバター焼き、
鶏肉のソテー、焼きのりまで、
味がぐっと良くなる
焼き方のコツがズラリ！

ANNEN ZANNEN ZANNEN

残念

塩焼き

塩をふって20～30分置いてから焼く

魚を塩焼きにする際、塩をふって20～30分置いてから焼くのが鉄則。こう信じている人が作る塩焼きは、おいしく焼き上がることがある一方で、かたくてまずい残念な仕上がりの場合も少なくないはずだ。

魚に塩をふる目的は、味をつけることだけではない。味わいを良くするための重要な手順で、浸透圧の作用で身をしめ、トリメチルアミンなどの生臭い物質を水分とともに外に出すのも大きな狙い。こうした作用は、塩をふってすぐには現れないので、20～30分置いてから焼くようにするわけだ。

ただし、塩をふって時間を置くのは、サバやアジ、サンマなどの背の青い魚の場合だ。青魚は皮の下に脂肪分が多く、塩が回るのに時間がかかる。加えて、魚臭さも強いので、臭み抜きも時間をかけて行う必要があるのだ。

これに対して、タイやスズキ、タチウオ、サワラのような白身魚の多くは脂肪分や水分が少なく、臭みも青魚ほどではない。このため、塩をふってしばらく置くと、身がかたくなり過ぎて、食べたときにパサパサした感じになってしまう。

白身魚の場合、塩をふるのは主に味つけのため。ふってからそれほど置く必要はなく、5分から10分程度たったら焼くのがいいだろう。ただし、白身魚のなかでも、アマダイやカマスなどは身に水分が多いので、青魚と同じように、塩をふってから時間を置いて焼くのが正解だ。

白身魚は身がかたくなるので、塩をふったらすぐに焼く

残念

干物

特に工夫はしないで、そのまま焼く

塩をしてからしばらく置き、天日干しあるいは乾燥機にかけて水分量を減らした干物。魚のうま味がギュッと濃縮されており、塩焼きにはない独特の味わいがある。

干物は水分が少なくなっている分、焼くときに焦げやすい。特によく乾燥させた干物は、すぐに表面が焦げついてしまう。でも、こうしたことは干物だから仕方がない、と思ってはいないだろうか。

干物をおいしく仕上げるため、焼く前にひと手間をかけてみよう。日本酒や料理用酒を刷毛《はけ》やスプーンで塗る、あるいは霧吹きで吹きかけて、干物の表面をコーティングするのだ。こうして酒で水分を補えば、焦げて失敗することはない。さらに酒の風味やうま味も加わって、ワンランク上の味わいを楽しむことができる。

酒を塗って焼けば、焦げずにうま味もアップ!

冷たいグリルに魚を入れて焼く

グリルで魚を焼いたら、網にくっついて、取り出すときに身がぼろぼろになってしまった……こうした残念な経験は誰にでもあるのではないか。

原因で多いのは、冷たいグリルに魚を入れて焼いたことだ。これは魚や肉の動物性たんぱく質が熱せられると、金属と反応しやすくなる「熱凝着《ねつぎょうちゃく》」という作用による。50℃ほどの温度で起こりやすいので、前もって焼き網を3～4分加熱し、もっと高温に熱してから焼くようにしよう。

ほかにも、くっつきを防ぐ方法はある。ひとつは酢を使うことで、焼く前に魚か焼き網に塗っておけば、たんぱく質が早くかたまり、くっつきにくくなる。また、焼き網にサラダ油を塗っておいても、キレイに焼き上げることができる。

熱してから焼くと、魚が焼き網にくっつかない

残念

鶏肉のソテー

熱したフライパンで焼きはじめる

なかなか上手に焼けないのが、鶏肉のソテー。うまく焼けたかと思ったら、中はまだ半生だったり、焼き過ぎて皮が焦げたり、パサパサになったり……。おいしく仕上がらないのは、当然ながら、その焼き方に問題があるはずだ。

鶏肉のソテーを作るとき、ほかの料理と同じように、フライパンを熱してから焼いてはいないだろうか。

鶏肉は厚みがあるため、熱したフライパンで焼くと、肉の内部に火が入らない段階で、外側だけは十分焼けるという、ちぐはぐな状態になってしまう。これが半生や表面の焼き過ぎになる原因だ。

これを防ぐにはフライパンに火をつけず、冷たいままの状態のときに、鶏肉を皮目を下にして入れるようにする。もちろん、冷蔵庫から出してすぐに焼くのは禁物。それでは内部まで火が通りにくいので、冷蔵庫から出して30分ほど置き、常温に戻しておくことが大切だ。

火は弱火で、フタはしない。肉から泡が出て、じわじわ小さな音がする程度の火加減をキープする。なかなか焼けないが、決して中火や強火にしてはいけない。肉の内部が一定の温度を超えると、肉汁が外に流れ出るようになる。その結果、ジューシーさが失われ、パサパサになってしまうのだ。

にじみ出る脂が多くなったら、脂跳ね防止と、焼き色をつきやすくするため、キッチンペーパーで拭き取るようにする。

火の通り具合は、肉の側面を見てチェックしよう。下半分の色が変わったら、裏返すタイミング。フタをして焼くと、側面が熱せられて火が通り、こうした焼き加減がわからなくなってしまう。

裏返してからも肉の側面をチェックし、全体が同じ色になったら、フライパンから取り出そう。厚めの豚肉も、これと同じ作り方でソテーにすることができる。

冷たいままで焼きはじめ、終始弱火をキープする！

残念

ホタテのバター焼き

大きな貝柱をそのまま焼く

ホタテを使った料理で、刺身と肩を並べる人気メニューがバター焼き。作り方は簡単で、プリプリした大きな貝柱をバターで焼き、醤油で味つけするだけだと思ってはいないだろうか。しかし、貝柱をまるごと焼いたら、満足できる味のバター焼きにはならない。ホタテの貝柱は肉厚で大きいので、全体に火が通ったときには、表面が焼き過ぎになってしまいやすいのだ。

失敗を防ぐには、貝柱に対して水平に包丁を入れ、輪切りにしてから焼くこと。こうすれば、表面がかたくならないうちに、内部まで火を通しやすい。新鮮なものなら、レアかミディアムレア程度にするのがいいだろう。うまく焼き上がったバター焼きは、1個まるごと焼いたものとは、繊維の口当たりがまるで違うはずだ。

輪切りにして焼けば、ぐっとジューシーに！

表裏を満遍なく炙る

のりにはすでに焼かれた「焼きのり」と、食べる直前に自分で焼く「干しのり」がある。干しのりを焼くと香りがぐっと良くなるが、焼き方を間違えると、のり独特の風味が弱くなってしまう。

のりには表裏があり、滑らかなほうが表で、ザラザラしているのが裏。2枚ののりを手に取り、表面を内側にして重ね、外側の裏面だけを炙るようにしよう。2枚を重ねると、内側に香りが閉じ込められるので、風味をより強く感じられる。1枚だけ炙る場合は、ふたつ折りにして炙るのがいい。

裏面を焼くのは、ザラザラした小さな凹凸部分を均等に熱するためだ。この逆に表面を炙ると、焼きムラができてしまう。

表面を内側にして2枚を重ね、裏面だけを焼く

残念

シシトウ

グリルの焼き網で普通に焼く

シシトウやピーマン、玉ネギなどの野菜をグリルで焼いたとき、妙にかたくなったり、色が悪くなったりしたことはないだろうか。こうしたよくある失敗は、熱によって水分が蒸発してしまうからだ。

野菜の内部がジューシーなままで焼き上げるには、グリルに入れる前に、野菜の表面に油を薄く塗っておくといい。こうすると、水分の蒸発を防げるので、しっとりした焼き上がりになり、変色もしない。加えて、仕上げに塩をふる場合、表面に付着しやすいという効果もある。

塗るのは普通のサラダ油でかまわないが、好みでオリーブ油やごま油を使い、風味の違いを楽しんでもいいだろう。

油を塗って焼けば、かたくならず変色も防げる

間違いだらけの味のつけ方

切り方や下ごしらえ、
加熱の仕方などが満点でも、
肝心の味のつけ方を
最後に間違えてしまったら、
料理は100%まずくなる！

とろみがつきはじめたら、早めに火を消す

八宝菜や麻婆豆腐、あんかけ焼きそばなど、中華料理には水溶き片栗粉でとろみをつける料理が多い。

片栗粉をよく混ぜ、火を止めてから回し入れ、すぐに火をつけて木べらで大きくかき混ぜる。こうして手順を守り、ちゃんととろみがついたように見えたものの、皿に盛って食べているうちに、水っぽくシャバシャバになっていく……こういう場合は、原因はいくつか考えられる。

ある程度仕方がないのは、片栗粉のでんぷんが唾液に含まれる消化酵素、アミラーゼによって分解されるからだ。この作用から、レンゲや箸を使って食べていくうちに、少しずつとろみの成分が分解され、次第に水っぽくなっていくのは避けられない。

ただし、とろみがゆるくなるのは、ほかにも原因がある。そのひとつが水溶き片栗粉を加えたあとの加熱の仕方だ。

水溶き片栗粉を加えて、加熱しながらかき混ぜていると、だんだんとろみが出てくる。このとき、ある程度とろみができた早い時点で、もう十分だろうと火を消してはいないだろうか。

水溶き片栗粉を混ぜたあと、とろみがつきはじめたばかりで火を止めるのは大きな間違い。ここでしっかり加熱しておかないと、時間がたつに従って粘度が弱くなってしまうのだ。とろみを長続きさせるため、沸騰に近い状態で最低でも1分は加熱し続け、完全な糊状にしておこう。

とろみがゆるくなる原因にはもうひとつある。これも加熱の仕方の誤りで、食材の炒め方が足りなかった場合だ。野菜のなかでも水分が多いキャベツやモヤシ、チンゲンサイ、あるいは野菜以上に水分の多い豆腐が食材の場合、加熱が十分でないと、調理後、水分がだんだん染み出して、とろみがゆるくなる。こうした食材はよく加熱して、とろみをつける前に、しっかり水分を出しておくようにしよう。

最低1分は加熱しないと、とろみが次第にゆるくなる

片栗粉のあんかけ料理を弁当のおかずに

あんかけ料理を弁当のおかずにしたところ、食べようと思ったら、とろみがひどくゆるく、水っぽくなっていた……こんな残念な経験をしたことはないだろうか。

あんかけが水っぽくなったのは、片栗粉を使ってとろみをつけたからだろう。片栗粉はとろみがつきやすく、無色透明で料理の色合いを損なわないが、冷めると粘度が弱くなるという性質がある。このため、でき立てをすぐ食べる場合は最適だが、弁当のおかずには向かないのだ。

弁当のおかずにとろみをつけるには、トウモロコシのでんぷんであるコーンスターチを使うといい。片栗粉よりもとろみがややつきにくく、色も透明ではないが、一度できたとろみは料理が冷めても持続する。片栗粉と混ぜて使うのもいいだろう。

冷めると水っぽい。弁当にはコーンスターチを！

料理酒

酒を使う料理で、レシピ通りに作る

雑誌やウェブのレシピ通りに作ったのに、食べてみたら、なんだかちょっと塩辛い気がする。不思議に思うかもしれないが、こういった失敗はけっこうあり得る。

料理のレシピに「酒大さじ2」「酒1カップ」などとある場合、この「酒」とは一般的な「清酒」(いわゆる日本酒)のことを指す。しかし、実際にはスーパーでみりんなどの隣に並んでいる「料理酒」を使うことも多いだろう。

知らない人もいるようだが、多くの料理酒には2%前後の塩分が含まれている。塩分を添加すると、酒税がかからなくなるので、値段を抑えられるからだ。料理酒を使う場合は、この塩分量を考慮して調理しないと、やや塩辛くなることがある。特に多めに使う料理では、塩や醤油をレシピよりも少なめにすることも考えよう。

塩分を約2%含むので、その分を頭に入れて調理!

残念

調味料

「さしすせそ」の順番に入れることを厳守！

調味料は「さしすせそ」の順番に入れる。これは料理の常識だろう。さ＝砂糖、し＝塩、す＝酢、せ＝醤油（昔の表記は「せうゆ」）、そ＝味噌、こういう順番に使うと、料理はおいしくなるといわれている。これは本当だろうか。

結論からいえば、「さしすせそ」は厳密に守る必要はない。じっくり味を染み込ませる煮物などに限り、「さ」「し」だけを守ればいい。そのあとで加える「す」「せ」「そ」はどの順番でもかまわない。

砂糖を塩よりも早く加えたいのは、分子の大きさの違いによる。塩の分子は砂糖よりも小さいので、食材に早く染み込みやすい。加えて、水分を外に出して、食材を引きしめる働きもある。これらの理由から、塩を真っ先に加えたら、そのあとで砂糖が染み込みにくくなってしまう。甘さをしっかりつけるには、塩よりも早く加えることが大切なのだ。

「す」「せ」「そ」については、いずれも香りや風味が持ち味。せっかくの持ち味を失わないように、あとから加えるのがいいというわけだ。順番はどうでもよく、酢の前に醤油を入れたり、味噌のあとに酢を加えたりしても問題ない。

ただし、こうした順番は、手早く味をつけたい料理の場合は守る必要がない。それどころか、まず砂糖、次に塩……と手間取っているうちに、食材に火が通り過ぎる可能性もある。はじめに調味料を合わせておいて、一度に味つけするのがいいだろう。

じっくり煮るときのみ、「さし」だけを守る

ホワイトソース

冷たい牛乳をルーに加えてよく混ぜる

フランス料理の基本的なソースのひとつ、ベシャメルソースは日本ではホワイトソースと呼ばれることが多い。手軽な缶詰やレトルト商品を使うこともできるが、自分で作って本格的な料理に使う人も少なくないだろう。

しかし、ホワイトソースを手作りすると、どうしてもダマができやすい。どうして、滑らかなソースにならないのか、作り方を追いながら、失敗の原因を探ってみよう。

ホワイトソース作りの手順はなにも難しくない。バターを溶かして小麦粉を混ぜ、それに牛乳を合わせるとできあがり。こんな簡単な流れなのに、上手にできないことが多いのは、間違いやすいポイントがあるからだ。

まず大事なのは、最初から最後まで弱火で加熱すること。バターを溶かすときに火が強いと焦げてしまい、ソース作りのスタート時点でつまずいてしまう。小麦粉を炒めるときも同じく、色づかないように弱火でじっくり炒めることが大切だ。

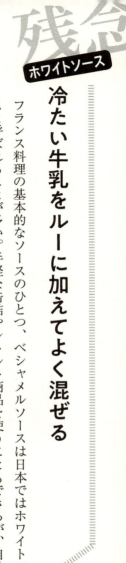

小麦粉を混ぜながら炒めると、ほどなく滑らかになっていくが、まだ粉っぽさは残っているはずだ。さらに優しくかき混ぜ続けると、どろりとした状態から、粘り気のないさらさらした感じのルーに変わってくる。

こうなったら、いよいよルーに牛乳を加える手順。最もダマになりやすいのはここからで、上手に作るためのポイントはふたつある。ひとつは、鍋ごと冷水につけて、冷やすこと。もうひとつは、逆に牛乳を膜ができない程度に温めることだ。

ルーと牛乳に温度差がない場合、ダマになりやすいので、この手間は欠かせない。牛乳を加えたら、泡立て器で混ぜながら、これも弱火で加熱していく。とろみがついたら、調味料で味つけして仕上げよう。

なお、熱いルーに冷たい牛乳を加える手もある。しかし、この方法では温度がかなり下がって、加熱時間が長くなることから焦げやすい。牛乳を温め、鍋を冷やすやり方のほうが失敗は少ないだろう。

鍋を冷やし、温めた牛乳を加えるとダマになりにくい

残念

カレー

火を消した直後にルーを入れる

ダマができたり、粉っぽかったりと、まずいカレーやシチューを作ったことはないだろうか。こうした失敗の原因は明らかだ。ルーを割り入れるときの温度が高過ぎたからに違いない。

カレーやシチューの箱には、「火を止めてからルーを入れてください」と書かれている。しかし、この説明の仕方では不十分だ。「火を止めて80℃以下になってから、ルーを入れてください」というのが正しい。

火を止めてすぐに入れると、ルーに含まれるでんぷんが溶ける前に糊状になり、ダマができやすくなるのだ。ルーを入れるときは、鍋を濡れ布巾などに置いていったん冷ますこと。こうして入れると、ずっとクリーミーな仕上がりになる。

80℃以下まで冷まして入れると、とてもクリーミーに！

豚汁

味噌を一度に入れる

豚汁の作り方には、これこそが正解というものはない。煮る前に炒めるというものがあれば、肉を霜降りにするほうがすっきりした味になるというレシピもある。だしについても、必要・不必要とさまざま。いろいろ試して、好みの味を見つけるのがいいだろう。ただし、これだけは間違ってはいけないという手順がある。味噌を一度に全部入れてはいけない、ということだ。

豚汁の味噌は2回に分けて入れるのが鉄則。まず野菜を煮るときに半分の量を加え、味噌の味を含ませるようにする。2回目は仕上げる直前で、残った半分を加えて、ひと煮立ちさせたらすぐに火を止める。この二度入れをすることによって、野菜に味が染み込み、味噌の香りも楽しめるおいしい豚汁になる。

半分は最後に加えれば、味噌が香り立つ豚汁に！

残念

ドレッシング

すべて加えてよく混ぜる

サラダの味を引き立てるドレッシング。多彩な商品が市販されているが、簡単に手作りすることができる。しかし、調味料と酢と油を合わせて混ぜるだけ……こんなふうに作っているのなら、本当においしいサラダを食べることはかなわない。

ごくシンプルに塩と酢、オリーブ油だけで作るケースで考えてみよう。これらの材料を同時に合わせると、いくら混ぜても塩の粒が残ったままで、ざらざらした食感のドレッシングになってしまう。

塩は酢には溶けるが、油には溶けないからだ。舌触りのいいドレッシングにするには、まず酢に塩を加えてよく溶かし、それからオリーブ油を加えるようにしよう。このとき、油を少しずつ加えながら混ぜると、より乳化して一体化しやすくなる。

塩は油に溶けない！ 酢に溶かしてから、油を加える

減塩料理で塩や醤油を一度に加える

血圧が高い人、生活習慣病が気になる人などは、日々の料理の塩分を控えめにしたいものだ。しかし、使う塩や醤油の分量を単純に減らすだけでは、ただ物足りない減塩料理になってしまうだろう。

おいしいと思える塩分控えめ料理を作るには、塩や醤油の量だけではなく、入れ方も大きなポイントとなる。塩や醤油は一度に入れず、数回に分けて入れるのが、食べて満足できる調理法だ。

一度に入れると、塩分は材料に染み込みやすいが、数回に分けると、あとで加えた分はあまり染み込まず、材料のまわりにつく。この状態だと、口に入れたときに塩分を感じやすいので、塩分量が少なくても、味をしっかり感じることができるのだ。

数回に分けると、減塩でも満足度がアップ!

「塩少々」のレシピで、「ひとつまみ」加える

料理のレシピには、さまざまな表現が登場する。ちゃんと理解しておかないと、できあがった料理の味が相当違うことになりかねない。

調味料の分量で間違いやすいのが、塩の「少々」と「ひとつまみ」。どう違うのかがわからないまま、こんな感じかな……と適当に作っていると、いつまでたっても残念な味の料理しか作れないだろう。

「少々」「ひとつかみ」は、明確に違うので覚えておこう。「少々」は親指と人差し指の2本で軽くつまんだ分量で、小さじなら1/8に当たる。これに対して、「ひとつまみ」は親指と人差し指、中指の3本で軽くつまんだ分量で、小さじ1/5〜1/4に相当する。いずれの場合も、正確な分量をつかむため、指は必ず乾かしておこう。

「少々」は指2本、「ひとつまみ」は指3本でつまむ

塩焼き

一般的な精製塩をふる

魚の塩焼きは、塩加減や焼き加減などがなかなか難しい。おいしく焼き上げるには、唯一の調味料である塩についても、間違った選択をしないことが重要だ。

よくある誤った下ごしらえが、一般的によく使われる精製塩をふることだ。精製塩は塩化ナトリウム99・7％以上の高純度の塩。くせのない塩辛さが持ち味で、幅広い料理に使えるが、魚の塩焼きには向いていない。

塩焼きに使うのは、天然の粗製塩に限る。精製塩とは異なり、粗製塩には塩化マグネシウムや塩化カリウムなどのミネラル成分がたくさん含まれている。こうした塩のほうが魚の生臭さの元、トリメチルアミンを取り除きやすいのだ。しかも、豊富なミネラル分により、魚の味わいがより複雑で、奥行きのあるものになる。

天然の粗製塩のほうが臭みが取れる

残念

枝豆

塩をひとつまみ入れた湯でゆでる

ビールのつまみに最高の枝豆。丁寧に塩もみをして、たっぷりの湯に塩をひとつまみ入れ、4~5分ゆでてザルに上げ、熱々のうちに口に運ぶ。しかし、なんとなく物足りないのはなぜだろう……。

この枝豆に満足できなかったのは、塩気が足りないからだ。枝豆を最高においしくゆで上げる塩加減は塩分濃度4％。1ℓの水に40gの塩を加えた濃度なので、相当な塩辛さだ。

ここまで塩辛い湯でゆでても、薄皮が塩分浸透を適度にガードし、豆内部の塩分濃度は1％程度とちょうどいい。ゆでる湯の塩分がこれ以上濃いと塩辛くなり、薄いと物足りない。このベストの塩加減でゆでるのがおすすめだ。

それでは薄過ぎ！ 塩分濃度4％がベストの塩加減

残念

適量

レシピの「適量」は入れても入れなくてもいい

レシピには独特の言い回しや基準があるので、正しく調理するため、基本的な部分は知っておきたいものだ。

独特の表現のなかでも、特に違いがわかりにくいのが「適量」「適宜《てきぎ》」。例えば、豚肉のソテーに「片栗粉適量」、鶏肉の照り焼きに「サラダ油適量」、お好み焼きに「揚げ玉適宜」、肉料理のつけ合わせに「葉野菜適宜」……等々、相当わかりづらい。好みの問題なのだろうと、あまり深くとらえていない人も少なくなさそうだ。

しかし、「適量」「適宜」は大きく違う。「適量」とは味を見て、適切だと思われる量を必ず加えること。一方、「適宜」は必要ないと思えば入れなくてもOKで、物足りなければ少し入れるという意味だ。レシピによく登場するので覚えておこう。

それは「適宜」！「適量」は必ず入れる

残念 計量カップ

小麦粉はすり切って計る

小麦粉などの粉物も、計量カップを使って分量を計る。普段、どういう計り方をしているだろうか。

バットの上に計量カップを置き、小麦粉を加える。やや山盛りになったら、菜箸を使ってすり切り、表面を平らにする。こうした計り方をした場合、レシピの想定よりも、やや少なめの分量で料理を作ることになってしまう。もちろん、NGだ。

計量カップで小麦粉を計る場合、まずはざっくりと7分目当たりまで入れる。それから、スプーンを使って少しずつ加えていく。ときどき、トントンと下に軽く打ちつけ、粉と粉の間を詰めるのがポイントだ。最後はスプーンの背などで表面をならし、ぴったりの分量にする。このとき、決して押さえつけないようにしよう。

トントンと打ちつけながら加えていく

残念な結果を招く食べ方

正しいと思っていた
その調理方法や
いつもの素材の扱い方。
間違ってはいないか、
さあチェックしてみよう。

残念

ポテトサラダ

冷蔵庫で冷やして食べる

ジャガイモを弱火でゆっくりゆでて、十分甘みを引き出し、熱いうちに崩して酢をかけて混ぜ合わせる。そして、マヨネーズと塩、こしょうで味つけ。冷蔵庫で冷ましてから、この手作りのポテトサラダを食べると……全然ほくほくしていない。

せっかく作ったポテトサラダがまずいのは、冷蔵庫で冷やしてしまったのが原因。そのまま常温で置いて、ほんのり温かさを感じるうちに食べるのが、ポテトサラダの最もおいしい味わい方なのだ。

冷やすとまずくなるのは、ジャガイモの主成分であるでんぷんの性質による。でんぷんは生の穀物や野菜に含まれているうちは、水分が少なくてかたい。人が食べても消化できないこの状態を「βでんぷん」という。

でんぷんを消化できるようにするには、ごはんを炊くように、水を加えて加熱すればいい。こうすると、でんぷんが水で膨張し、粘り気が出てくる。この変化したものを「αでんぷん」と呼ぶ。ごはんのほか、焼きイモやこふきイモなどがこの状態で、ポテトサラダも同じだ。

ただし、いったんαでんぷんになっても、低温のもとに置かれたら、そのままの状態を保つことができない。特に0℃近い温度のもとでは、βでんぷんに再び戻ろうとする性質がある。

こうした理由から、ポテトサラダを冷蔵庫で冷やすと、間違いなく、ベストの状態のおいしさを失ってしまう。多めに炊いて、残ったごはんを冷蔵庫で保存すると、パサパサになって味がガクッと落ちるようなものだ。

ポテトサラダにはハムなどの肉加工品も入っているため、常温で保存するのは難しい。かといって、冷凍すると、解凍後にジャガイモはスカスカ、キュウリはベチャベチャになる。多めに作り置きしておきたい料理ではあるが、おいしさという点から考えると、1回の食事で食べ切れる量を作るのがおすすめだ。

でんぷんがβ化して、確実にまずくなる！

残念

しゃぶしゃぶ

脂を控えたいから、しゃぶしゃぶを

肉が大好きだけれど、やや太り気味のAさん。なるべく肉の脂を控えようと、カロリーの高そうな焼肉の代わりに、湯のなかで脂を落とせるしゃぶしゃぶをよく食べる。Aさんの考えは正しいだろうか?

じつは、調理で落ちる脂の量を比べると、焼肉よりもしゃぶしゃぶのほうが約5倍も少ない。肉の細胞は、高温で調理するほど壊れやすく、脂が外に流れ出る。調理中の焼肉の表面温度は約160℃あるのに対して、しゃぶしゃぶで使う湯の温度は70℃程度。このため、脂はあまり落ちないのだ。

しゃぶしゃぶの調理法がヘルシーというのは大きなカン違い。肉の脂を抑えたいのなら、脂肪分の少ない部位を使うようにしよう。

しゃぶしゃぶにすると、脂が少ししか落ちない!

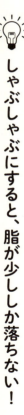

残念

ゴボウ

鮮度が落ちないうちに早く調理する

野菜は鮮度が命。収穫後、時間がたつほど、栄養もうま味も失われていく。もちろん、ゴボウも同じだと考えて、買ったらすぐにきんぴらや煮物にして食べ切るのは、ちょっと残念な習慣だ。

ゴボウにはイヌリンという水溶性食物繊維が多い。イヌリンはそのままでは甘くないが、低温の環境に置かれると、糖に分解されて甘くなる。おいしく食べるため、この性質を利用しない手はない。

長持ちする泥つきのゴボウを買ったら、すぐに食べないで、冷蔵庫でしばらく保存してみよう。そのまま1か月ほどキープすると、ゴボウが甘みを感じる野菜へと変化する。保存場所は、冷凍庫以外ならどこでもかまわない。

冷蔵庫で1か月保存すると、甘い野菜に変身！

残念

ゴボウ

太い部分をきんぴらにする

ゴボウは細長い野菜で、地面に近い根元のほうは太く、土のなかに伸びていく先のほうは細長くなっている。どこを食べても味に変わりはないだろうと、料理によって使う部分を変えている人はあまりいないのではないか。

じつは、ゴボウは根元近くと先のほうで持ち味が違う。根元に近い太い部分は、繊維が密になっていてやわらかく、ゴボウならではの香りも強いのが特徴だ。このため、炊き込みごはんや煮物用にぴったりで、食感を楽しむきんぴらなどには向かない。

きんぴらにするとおいしいのは、先端に近い細長い部分。これから伸びていくところなので、若い細胞が多く、シャキシャキした食感が楽しめる。サラダにするのも、こちらのほうがいいだろう。

太い部分は炊き込みごはん、細長いほうをきんぴらに

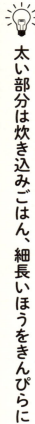

残念

白菜

外側の葉からはがして食べる

大きな葉が何枚も重なって、食べごたえのある白菜。外側の葉からはがして、内側に向けて順番に調理することが多いだろう。しかし、このやり方では、どんどん栄養を失ってしまうので、次から食べ方をガラッと変えるべきだ。

真っ先に食べるべきなのは、外側の葉から栄養が送られてきて、新しい葉を作る成長点がある芯。収穫後もこの働きは継続されるので、芯を取り除かないと、外側の葉の栄養が次第に失われてしまうのだ。

しかも、芯は大事な成長点だけあって、じつは栄養豊富。うま味成分のグルタミン酸は、外側の葉よりも14倍も多く含まれている。外側から食べ進め、残った芯は捨てていた人は、大きな損をしていたわけだ。

芯から食べないと、葉の栄養が奪われる!

納豆

いろいろな加熱料理を工夫して作る

日本人は納豆が大好き。ごはんにかける定番の食べ方はもちろん、納豆オムレツ、納豆チャーハン、納豆パスタ、納豆のかき揚げ、納豆お焼き……納豆を使った料理はじつにバラエティーに富んでいる。

納豆料理のなかには、焼いたり揚げたり、加熱するものも多い。調理の仕方によるが、あの匂いが薄まる場合もあるので、食べやすくなるというメリットがある。ただし、その一方で、はるかに重要なデメリットがあることを知っておきたい。

納豆はおいしいだけではなく、体にいい健康食品だといわれる。その大きな理由は、納豆から発見されたナットウキナーゼという酵素が含まれているからだ。独特のネバネバに含まれている成分で、納豆以外からは見つかっていない。

ナットウキナーゼには血液をサラサラにする効果や、血栓を溶かす働きがあるといわれる。生活習慣病が気になる人にとって、大いに気になる成分だ。

しかし、ナットウキナーゼには弱点がある。熱に非常に弱く、70℃を超えるとほとんど死んでしまうのだ。50℃程度でも働きが鈍くなるので、炊き立て熱々ごはんにのせた程度で、じつは健康に対する効果は低下してしまう。

ましてや、油で揚げたり、炒めたりしたら、ナットウキナーゼはひとたまりもない。健康に対する効果を得たいなら、納豆を加熱調理するのはNG。ちょっと冷ましたごはんにのせるのが一番だ。

ナットウキナーゼが死ぬ！　加熱は禁物

サケ

塩辛いサケを水に浸けて塩抜きする

辛い塩ザケの塩を少し抜こうと、水に浸けて塩抜きをする。正しいやり方のように思えるかもしれないが、多くの人がやってしまいがちな誤りだ。

塩漬けの魚や肉の塩抜きをする場合、真水に浸けたら、塩が抜けるまでに相当な時間がかかってしまう。この間に塩分だけではなく、大事なうま味まで抜け出て、味が落ちていくのだ。

塩抜きをする場合、塩分濃度2％程度の塩水に2～3時間浸けるのが基本だ。カップ2と1／2（500㎖）に小さじ2弱の塩を溶かせば、だいたいこの塩分濃度になる。さらにうま味を逃さない方法が、この塩水に酒大さじ2、みりん大さじ1を加えること。こうすると、一層上手に塩抜きができる。

薄い塩水に酒とみりんを足すと、うま味が抜けない

残

カリフラワー

いつもゆでて食べる

真白な色合いでサラダを彩るカリフラワー。よく似たブロッコリーと同じように、ゆでて食べることが多いだろうが、いつも同じ調理の仕方ではなく、ほかの食べ方をしてみるのはどうか。

カリフラワーはブロッコリーとは違って、じつは生でそのまま食べられる野菜。ゆでるとビタミンCが流出するが、生食だと栄養をまるごと摂取することができる。食べやすいように薄く切って、サラダやマリネにするのがおすすめだ。歯ごたえがけっこうあって、レンコンに近い食感を楽しめる。

ただし、生の場合、時間がたつとやや茶色っぽくなっていく。変色は酢で抑えられるので、ドレッシングなどを工夫しよう。

栄養をそのままとれる生食で！

残念

ニンジン

ビタミンCを破壊するのでサラダに入れない

ニンジンを生で食べると、ビタミンCが破壊されて吸収されない。それどころか、ほかの野菜のビタミンCまで破壊するので、サラダに生のニンジンを加えてはいけない。こう思っている人はいないだろうか。

ニンジンに含まれるアスコルビナーゼという酵素が、ビタミンCを破壊するというのがその理由。以前から、インターネット上の健康サイトはもちろん、一般の書籍や雑誌などでもよく掲載されてきた。しかし、もう頭を切り替えるようにしよう。この情報は間違っている。

どこが正しくないのか。まず、ビタミンCには2タイプがあることを知っておこう。酸味のある「還元型」と、酸味のない「酸化型」で、いまではどちらも人間の体内で同じ働きをすることがわかっている。

アスコルビナーゼがビタミンCを破壊しないことを証明したのは、女子栄養大学が行った実験だ。ニンジンと大根でもみじおろしを作って、ビタミンCの残存率を調査。よくいわれているように、アスコルビナーゼがビタミンCを破壊するのであれば、もみじおろしに含まれる量は時間経過とともに減っていくはずだ。

実験では1時間が経過しても、ビタミンCは90％以上残っていた。ただし、ビタミンCのタイプは大きく変化。当初は還元型が大部分を占めていたが、酸化型が急増し、1時間後には80％程度を占めるまでになった。

アスコルビナーゼはビタミンCを破壊するわけではなく、還元型を酸化型に変化させる働きがあったのだ。いつの間にか、この還元型ビタミンCを激減させる作用だけがクローズアップ。生食するなら、ほかの野菜といっしょに食べてはいけないという、間違った情報が独り歩きするようになったのだろう。

タイプこそ変わるものの、どちらも同じビタミンC。レタスなどの葉物のサラダに、安心して生のニンジンを加えるようにしよう。

間違った情報！ほかの野菜と食べてもOK

残念

ニンジン

β-カロテンを吸収できないから、煮物はNG

抗酸化作用や悪玉コレステロールの酸化を抑える作用があり、吸収されると体内でビタミンAに変化することも知られるβ-カロテン。オレンジ色の色素で、ニンジンなどに多く含まれている。

このβ-カロテンは、水ではなく油に溶ける脂溶性。このため、油といっしょに食べないと吸収されないと思って、煮物には調理しないで、必ず炒め物にしている人がいるのではないか。しかし、これは大きな考え違いだ。ニンジンは炒め物にするよりも、煮物にして食べるほうがβ-カロテンを効率良く吸収できる。

だしや醤油で煮るのに、なぜ脂溶性の物質を吸収できるのか。じつは、ニンジンの根の細胞のなかには、微量の脂質が含まれている。ただし、ニンジンスティックのように、生のままかじっても細胞は壊れないので、脂質がβ-カロテンと混ざることはない。だが、煮物のような加熱する料理を作ると、細胞は簡単に壊れる。そして、あふれ出した脂質にβ-カロテンが溶け込み、吸収されやすい状態になるのだ。

これに対して、ニンジンを油で炒めて食べると、β-カロテンは確かに吸収されやすくなるが、いいことばかりではない。180℃以上の高熱にさらされると、β-カロテンは分解してしまうのだ。

調理してもβ-カロテンがそのまま残り、吸収率が最もいいのが煮物。これからは、もっと食べるようにしよう。


じつは、煮物のほうが炒め物よりも吸収できる！

残念

イチゴ

ヘタをつまんで、先のほうから食べる

イチゴを食べるとき、ヘタの部分をつまんで、先端のほうから食べる人がほとんどではないか。確かにこうすると口に入れやすいが、多くの観光イチゴ農園ではまったく違う食べ方を推奨している。

満足度がアップするイチゴの味わい方は、まずヘタを取り除いて、ヘタの根元の部分から食べる。そして、残った先端に近い部分を口に入れる方法だ。

イチゴは先端に近いほうが糖度が高くなっている。このため、先端から先に口に入れると、より甘いほうから食べ進めることになり、次にヘタに近い部分を食べても甘さをあまり感じない。この結果、舌に残るのは甘みよりも酸味、という残念な後味になってしまうのだ。

先端部分はより甘いので、あとで食べると満足度大！

嫌がる子どもに無理やり食べさせる

苦くて青臭いピーマンは、子どもが嫌いな野菜の代表だ。だが、ビタミンCをはじめ、栄養をたっぷり含むので、どうにかして食べさせたいのが親心。細かく刻んだり、甘く味つけしたりして、一生懸命に工夫して調理する……。もう、こんなことはやめにしたほうがいい。

子どもには緑色のピーマンの代わりに、赤ピーマンを食べさせよう。赤ピーマンは緑色のピーマンが熟したもの。ビタミンCとβ-カロテンは緑ピーマンの2倍以上、ビタミンEは5倍以上も多く含んでいる。

しかも、苦みはなくて甘いので、子どもでも抵抗なく食べられる。無理してイヤイヤ口にするよりも、さらに栄養価の高いものを喜んで食べるほうがいいだろう。

甘くて、さらに栄養価の高い赤ピーマンを

残念

白和え

水っぽくなったが、そのまま食べる

豆腐に加えて、ニンジンやシイタケ、コンニャクなど、いろいろな食材が加わる白和え。なかなか手のかかる料理だけに、上手にできたときはウレシイものだ。けれども、水っぽくてベチャベチャするといった失敗も少なくない。こんなとき、まずいのを我慢して、そのまま食べてはいないだろうか。

白和えが水っぽくなるのは、豆腐の水切りが足りなかったり、野菜の水気をしっかり切っていなかったりしたのが原因だ。確かに失敗ではあるが、まだ打つ手はある。

高野豆腐を水で戻さずに、そのまますりおろし、少しだけ加えて水を吸わせてみよう。こうするだけで、水っぽくない白和えに変身。高野豆腐は元々が豆腐なので、加えても味が変わることはない。

高野豆腐をすりおろし、少量加えて調整

ZANNEN ZANNEN ZANNEN

素材が台無しになる切り方

素材の良さを生かすも殺すも
包丁の入れ方次第。
せっかくの味や栄養が
台無しにならないように
正しい切り方を覚えよう。

ZANNEN ZANNEN ZANNEN

残念

キャベツ

葉を適当に巻いてせん切りにする

トンカツやフライなど、揚げ物に欠かせないキャベツのせん切り。この名脇役をふんわり仕上げるためのポイントは何だろうか。正解を思いつかない人は、普段、出来栄えがバラバラのせん切りを作っているはずだ。

やわらかいキャベツのせん切りを作るコツは、葉脈に対して垂直に切り、繊維を断ち切ることだ。まず、葉をはがして水で洗って、太い芯の部分を切り離し、切り込みを入れて葉を2つに切り分ける。

切り分けた葉は半分にカット。それでも、まだ葉が大きくて切りにくそうな場合は、さらにもう半分に切るのがいいだろう。

重要なのはここからの手順。切り分けた葉を小さなものから順番に、5～6枚重ねる。このとき、葉脈が同じ方向に流れるようにするのが大きなポイントだ。葉を重ね過ぎると、細かいせん切りを作りにくくなるので注意しよう。

葉を重ねたら、葉脈がヨコの方向に流れるようにまな板の上に置き、手前からしっかり丸めていく。そして、丸めた葉を上から押さえ、端のほうから切っていこう。こうすれば、繊維が細かく断ち切れ、やわらかい口当たりのせん切りになる。

ふんわりしたせん切りよりも、歯ごたえがあってシャキシャキしているほうが好みの人は、逆に葉脈がタテになるように丸め、繊維を断ち切らないようにして切ればいい。ただし、この場合、相当細かく切らないと、口当たりが悪くなってしまう。

葉脈の流れ方に注目！ 垂直に断ち切ればふんわりする

残念

キャベツ

外葉は食べられないからはがして捨てる

キャベツを1個まるごと買った場合、外側の濃い緑色をした厚めの葉をどうしているだろう。ほとんどの場合、はがして捨てて、その内側のやわらかい薄緑色の葉だけを料理に使っているのではないか。

しかし、次からは捨てないほうがいい。外側を包んでいる葉は、キャベツのなかでも最もビタミンCが多い部分なので、できるだけ食べるようにしよう。

外葉は生ではかたいが、その分、加熱すると適度な歯ごたえが良く、濃い緑色が料理の彩りにもなる。野菜炒めや焼きそばの具などに利用するのがいいだろう。包丁で切るよりも、手で適当な大きさにちぎったほうが、味がからみやすくなる。ただ、内側の葉とは違って、やや青臭い匂いがするため、煮物には向いていない。

内側よりもビタミンC豊富、捨てるのはNG!

オクラ

ゆでたら食べやすく切ってごま和えに

オクラはネバネバの成分が特徴の夏野菜。納豆やヤマイモなど、ネバネバした食材は栄養価が高いとされるが、オクラも負けていない。そのネバネバ成分は、ムチンやペクチンという水溶性の食物繊維。胃の粘膜を保護する、糖質の吸収を抑えて血糖値の上昇を抑えるなど、健康維持に役立つさまざまな効果がある。

オクラはさっとゆでて、食べやすく切り、ごま和えやおかか和えにするとおいしい。しかし、そのネバネバ成分をより有効に利用したいなら、もっと細かく切って食べるようにしよう。

ネバネバ成分は細かく切るほど増えるので、ごま和えやおかか和えも、みじん切りで作ると、健康成分を一層とり入れることができる。

みじん切りにしたら、ネバネバ成分がもっと増える！

残念

イカ

輪切りのようにヨコに切って刺身にする

イカを刺身にするとき、タテに包丁を入れるか、輪切りのようにヨコに切り分けるかは大きな問題だ。切り方にこだわっていない人や、必ずヨコに切っている人は、考えを改めたほうがいいだろう。

イカならではのうま味をしっかり感じたいなら、ヨコではなく、タテに細かく切り分けるのが正解だ。イカの体は、筋肉の繊維が横方向に伸びている。このため、タテに包丁を入れたら、筋肉が細かく断ち切られ、舌がうま味を感じやすくなるのだ。

それでは歯ごたえがなくなりそう……と思うかもしれない。しかし、イカの皮は4層になっており、構造が複雑。かたい表皮をむいても、その内側には薄くて半透明の膜が残っているので、タテに切っても、ほど良い歯ごたえを楽しむことができる。

タテに筋肉を断ち切ると、よりうま味を感じる

ホタテ

貝柱を水平に輪切りにして刺身にする

大きな貝柱のなかに、うま味がギュッと濃縮されたホタテ。けれども、自分で作る刺身は歯ごたえがなく、なんだかふにゃふにゃしている……という人もいるのではないか。こういった場合、包丁の入れ方が良くないのかもしれない。

ホタテの貝柱には繊維がタテに走っている。包丁を水平に入れて、貝柱を輪切りにした場合、その繊維に沿って噛むことになり、口のなかでふわっとほぐれやすい。しかし、やわらかな食感を楽しめる一方で、どこか物足りなさを感じてしまうだろう。

じつは、ホタテの産地の漁師町では、刺身はタテに切ることが多い。こうすれば、口に入れたとき、繊維を噛み切ることになるので、歯ごたえがぐっと良くなり、切断面からうま味もあふれてくる。次からは本場の漁師町流でいこう。

垂直に切ると、食感がぐっとアップ！

残念

鶏の胸肉

そのまま食べやすい大きさに切る

肉のなかでも安価な胸肉は、家計が大助かりのウレシイ食材だ。しかし、加熱すると、いつもパサつき気味になってしまう……こんな人は、胸肉に対する基本的な扱い方が間違っているのかもしれない。

胸肉料理が不評な人は、そぎ切りなどにするとき、何も考えないで、ただ食べやすい大きさに切ってはいないだろうか。これではパサパサした食感の料理になってしまうのも無理はない。胸肉には正しい切り方があるので、順序立てて紹介しよう。

まず、胸肉をまな板の上に置き、皮をはがしてじっくり観察してほしい。よく見れば、肉には繊維が走っていることがわかるだろう。1枚の胸肉は、じつは繊維の方向の異なる3つのブロックで構成されている。まず、この3ブロックを見極めて、それぞれの境目に包丁を入れて切り分けてみよう。

それぞれのブロックは、繊維が規則的な方向に走っているはず。その方向を確認し、包丁を繊維に直角に当てて、斜めに切るそぎ切りにしていく。こうすると、繊維をスパッと断ち切ることができるので、加熱したときの仕上がりがやわらかくなる。あの残念なパサついた食感ではなく、口のなかで肉がほろりとほぐれるはずだ。

一方、繊維に沿って切る方法もあり、この場合、歯ごたえのしっかりした仕上がりになる。中華料理の炒め物に使う細切りは、こちらの切り方のほうが向いているので覚えておこう。

繊維をチェック。断ち切ると、ぐっとやわらかくなる！

残念

玉ネギ

目に染みるので、水にさらしてから切る

玉ネギを切るとき、目に染みないようにするには、まず半分にカットし、水に数分さらしてから切る手がある。だが、この方法では大事な成分を失ってしまう。

涙が出るのは、硫化アリルという成分が切り口から揮発し、鼻や目を刺激するからだ。水溶性なので、水にさらすと流れ出て、目にあまり染みなくなる。ただし、硫化アリルはビタミンB1の吸収を促す、血液をサラサラにする成分に変化する、といった重要な働きを持つ。水にさらして逃がすのはすすめられない。

硫化アリルを逃がさず、しかも目に染みないように切るのは意外に簡単だ。揮発するのは玉ネギが常温のときなので、調理前に冷蔵庫で冷やしておくだけでいい。切るのに手間取ると、常温に戻ってしまうので、手早く包丁を使おう。

大事な成分が逃げる！ 切るのは冷蔵庫で冷やしてから

残念

ニラ

葉先から根元まで同じようなざく切りに

レバニラなどの炒め物にはざく切り、餃子の具には小口切りやみじん切りと、ニラの切り方に難しい点はない。こう思っているとしたら残念だ。

ニラを切る際、栄養面を考えて包丁を使えば、有効成分をより効率的にとり入れることができる。まず、緑の葉の部分はビタミンCが多いので、調理時の流出を防ぐため、大きめのざく切りにして、切断面を少なくするようにしよう。

これに対して、根元のほうは細かく刻んで料理に使うのがいい。これは玉ネギやニンニクにも含まれている有効成分、硫化アリルが多いのが理由だ。硫化アリルは空気に触れることによって、辛み成分から血液サラサラ成分に変化する。細かく切って、空気に触れる面積を広げると、体にいい成分がたくさん作られるわけだ。

葉はざく切り、根元はみじん切りにすると栄養アップ！

白菜

単純にざくざく切って調理する

野菜のなかでも、格別大きな葉を持つ白菜。鍋や煮物、炒め物など、多彩なメニューで使えるが、どんな料理にする場合でも同じように切っていては、おいしい仕上がりは望めない。

白菜のよくある間違った切り方として、1枚の葉を単純にざくざく切り分けるやり方がある。こうした切り方をすると、当然ながら、1切れ1切れのなかに葉と芯が混在するものが出てくる。

薄い葉と厚みのある芯は、加熱したときの火の通る速さがかなり違う。このため、芯の部分はまだまだかたいのに、葉はトロトロになり過ぎ……というありがちな失敗につながってしまうのだ。

白菜の切り方として、まず押さえておくべきポイントは、緑の葉と白い芯を切り分けること。そのうえで、鍋や煮物など、早く火を通して味を染み込ませたい料理の場合、芯をまな板の上にヨコに置き、包丁をやや斜めに傾けて切っていく。包丁を少しだけ前に突き出し、それから引くようにすると切りやすい。

このそぎ切りにすると、繊維がスパッと断ち切られ、加えて切り口が広くなるので、火を早く通すことができる。芯が大きい場合は、まず繊維に沿ってタテに2~3等分に切ってから、同じような手順でそぎ切りにしよう。歯ごたえを残したい場合は、大きめに切って、火の入り具合を遅くするといい。

これに対して、炒め物などシャキシャキ感を残したい料理の場合、繊維を残すような切り方をする。芯をヨコに置き、5㎝程度の幅に切り分けてから、90度回転させて向きを変え、繊維に沿ってタテに細く切っていこう。

葉の部分については、切り方に特に注意すべきところはない。好みの大きさにざざく切ればいいだろう。加熱する際はもちろん、火の通りの遅い芯の部分から投入。ある程度火が通ってから、火の入りやすい葉を加えるようにしよう。

葉と芯は火の通り方が違うので、煮えムラが出る！

残念

白菜

黒い斑点のある葉は気持ち悪いから捨てる

白菜の葉の白い軸のところに、黒い小さな斑点がついていることがある。カビが生えたのか、なかにに虫がいるのか、それとも傷んでいるのか……と思って、そういった葉ははがして捨てる人は多そうだ。けれども、この斑点にはなにも害がない。捨てるのはもったいない話だ。

こうした黒い斑点は、白菜に元々含まれているポリフェノール。栽培環境や収穫後の温度変化などで何らかのストレスを感じたとき、酵素と反応することによって、黒く変色して表れたものだ。

「ゴマ症」と呼ばれる生理反応で、白菜にはよくある現象。カビなどではないので、食べても一向にかまわない。

カビや病気ではないので、食べても問題なし

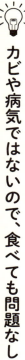

ブロッコリー

芯はかたくて味もないので捨てる

ビタミンCやβ-カロテンなど、多彩な栄養を豊富に含むブロッコリー。サラダや肉料理の添え物に大活躍する緑黄色野菜だが、歩留まりが良くないと思っている人はいないだろうか。食べられるのは緑色のつぼみの部分だけで、太い芯の部分はまったく使い道がないと……。

ブロッコリーの芯を捨てるのは、じつにもったいない。ここは食物繊維やビタミンCが多い部分で、しかも甘みがあり、食感もしっかりしている。持ち味を生かして、つぼみとは違った料理にしてみよう。薄くスライスして炒め物にすれば、適度な歯ごたえを楽しめる。ぬか漬けにして、そのまま味わうのもおすすめだ。ただ、芯の部分は皮がかたいので、周囲を厚めに切り落としたほうがいいだろう。

じつは甘くて栄養豊富！ ぜひ料理に使う

残念

カボチャ

包丁に力を込めて、ヒヤヒヤしながら切る

β-カロテンをはじめ、栄養を豊富に含む緑黄色野菜のカボチャ。煮物や揚げ物などでたくさん食べたいものだが、皮が非常にかたいのが難点だ。

切り分けた形や大きさがバラバラになると、味の染み込み具合にムラが出てしまう。うまく切れないと、ケガをする恐れもある。包丁がなかなか食い込まず、滑って流れてしまい、冷や汗をかいたことのある人もいるのではないか。

そこで、かた過ぎて無理……と判断したら、電子レンジを使ってみよう。2分の1カットなら2~3分、まるごと1個の場合は4~5分加熱すると皮がやわらかくなり、包丁がス~と入っていく。ただし、全体に熱が少し回っているので、保存性は悪くなる。食べやすい大きさにカットし、フリーザーバックなどに入れて冷凍しておこう。

形や大きさをそろえにくい。レンジで加熱して切る!

もちろん、包丁の「刃」で切ってはがす

練り製品がたくさんあるなかでも、かまぼこは切るのが苦手……という人がいるのではないか。包丁の刃が板に食い込まないようにと、慎重にはがしていくと、どうしても板に薄く残って、もったいないことになってしまう。

かまぼこを上手にはがせない人は、包丁の刃の部分を使って切っているのだろう。刃で切るのは当たり前のようだが、かまぼこに限っては間違っている。刃ではなく、背（峰）ではがすのが正解だ。

まず、かまぼこを立てて、片方の手でしっかり押さえる。そして、板とかまぼこの間に、包丁の背を垂直に入れていく。こうするとキレイにはがせ、かまぼこが板に残らないので、すべてを捨てることなく利用することができる。

薄く残りがちでもったいない！「背」でキレイにはがそう

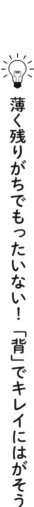

肉も魚も野菜も、引きながら切る

包丁の使い方次第で、料理の味は大きく変わる。たとえば、魚の柵を切って刺身を作るとき、包丁を押すように動かすのはNG。押しながら切ると、魚の細胞膜がつぶれて、うま味などがにじみ出てしまう。細胞膜をつぶさないように、包丁の先から根元まで大きく使い、引きながらスパッと切るのが正しい方法だ。

肉も魚と同じように、引き切りが基本。しかし、野菜についても、引いて切るのが正しいと思っている人はいないだろうか。野菜の細胞膜は、肉や魚とは違って丈夫でつぶれにくいので、押しながら切るほうがいい。

引くよりも押すほうが、包丁はテンポ良く使える。この結果、調理がはかどって、効率良く、おいしい料理を作ることができるわけだ。

野菜は押し切りで、スピーディーに調理する

劣化が早くなる保存の仕方

野菜はとりあえず、
野菜室に入れておけばいいと
思ってはいないか？
カン違いすれば栄養は低下し、
うま味も抜け落ちてしまう…。

残念

シイタケ

袋入りをそのまま冷蔵庫で保存する

袋入りの生シイタケを買った場合、どのように保存するのがいちばんいいだろうか。袋ごと冷蔵庫の野菜室に入れておく、という人が最も多いかもしれない。しかし、こうした保存の仕方をしたら、数日後に残念な結果を招いてしまう。

一般的なトレイ入りで販売されているシイタケは、軸が上を向いた逆さまの状態になっているはずだ。これには理由がある。かさが下を向いていると、胞子が落ちやすくなり、そこから傷んでしまうのだ。

袋入りのシイタケも、トレイ入りと同じ状態で保存するのがベスト。買ってきたら、袋からすべて取り出して、空きトレイなどに逆さまに並べ、キッチンラップをかけて野菜室に入れておくようにしよう。

そのままはNG！逆さまにして保存する

ほかの野菜のように、野菜室で保存する

冷蔵庫の庫内よりも温度がやや高く、湿度もキープされる野菜室。葉物野菜はもちろん、ブロッコリーの保存にもぴったりだと思ってはいないか。

さまざまな野菜の保存場所に最適な野菜室だが、ブロッコリーには向いていない。つぼみのかたまりであるブロッコリーは、鮮度が非常に落ちやすい野菜。相当な低温のもとでも、何とか花を咲かせようと、エネルギーを使って劣化していくのだ。

保存の仕方は、輸入方法を参考にしよう。ブロッコリーはアメリカから3週間ほどかけて、船便で氷詰めにされて輸送されるが、この間、鮮度はほとんど落ちない。これにならって、温度が0℃のチルド室で保存。こうするとエネルギーを使わなくなるので、鮮度を驚くほど長く保つことができる。

チルド室で保存して生長をとめる

残念

コンニャク

余ったら、水道水に浸けて保存する

低カロリーで食物繊維が豊富なコンニャクは、体重が気になる人にぴったりの食材。とはいえ、多くの量は食べにくいので、一度に調理し切れないことも少なくない。残ったものは、プラスチック容器などに入れ、水道水に浸けて冷蔵庫へ。さて、この保存の仕方は正しいだろうか。

答えは×。コンニャクの保存に水道水を使うのは、わざわざ傷むのを早めるようなものだ。使いかけを保存する場合は、袋に入っていた保存水に再び浸けるのが正解。この保存水には、コンニャクを製造するときに使われる水酸化カルシウムが含まれている。pH11以上のアルカリ性なので、細菌の発生を抑えられ、10日程度なら十分保存できるのだ。コンニャクを取り出すときは、保存液を捨てないように注意しよう。

袋に入っていた保存液に浸ければ、10日は持つ！

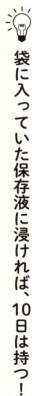

味噌の表面を覆っている薄い紙を取り除く

味噌は最近、袋よりもパック入りで販売されていることが多い。こうしたパック入りの商品では通常、味噌の上に薄い紙が敷かれている。

毎朝、味噌汁を作るたびにこの紙をはがして、味噌をスプーンですくったら、また敷いて……この余計な作業が面倒だと、紙をはがして捨てている人もいるのではないだろうか。しかし、この紙は重要な役目をするものだから、捨ててはいけない。

味噌は空気に触れると、酸化して変質していく。そこで、味噌の表面に紙を敷き、空気に触れないようにして酸化を防いでいるのだ。加えて、表面が乾燥しないようにする効果もある。この紙が破れたり、汚れたりした場合、キッチンラップで覆って保管するようにしよう。

酸化防止のための紙だから、はがしてはいけない

レタス

芯をくり抜き、濡れたキッチンペーパーを詰める

サラダの主役になるレタスは、鮮度が落ちやすいのが難点。そのまま野菜室に入れるだけでは、パリパリ感を早めに失ってしまう。そこで、芯をくり抜き、濡らしたキッチンペーパーを詰めておくという、ひと手間かけた保存方法が知られている。

レタスの芯には成長点がある。収穫後も外側の葉から栄養が送り込まれ、この成長点で新しい葉を作ろうとして、鮮度が落ちていく。この性質から、芯ごと成長点を取り除けば、鮮度が保たれるという理屈だ。

これで確かに保存性はアップするが、くり抜いた部分が次第に赤茶色になっていく。ポリフェノールが細胞からにじみ出て、空気に触れて酸化するからだ。食べても害はないが、見た目が悪いので、色のついた部分はちぎって捨てる人が大半ではないか。芯のくり抜きは、悪いアイデアではないものの、ベストな保存方法とはいえない。

では、レタスの最も良い保存の仕方を紹介しよう。保存性が飛躍的に高まり、高い

品質もキープできるという、極めて優れた裏ワザだ。やり方は簡単で、レタスを裏返して、芯に爪楊枝を3～4本刺しておくだけ。こうしてからキッチンペーパーで包み、ポリ袋などに入れて野菜室で保存する。

芯に爪楊枝を刺すのは、成長点を破壊するためだ。こんなことで？と疑問に思うかもしれないが、レタスはそのままの姿を長くキープする。爪楊枝は手で差し込んでから、包丁の側面などで叩き、深めに差し込んでおこう。

芯の周りが変色…。爪楊枝を刺すとずっと長持ちする

残念

長ネギ

野菜室でヨコにして保存する

長ネギは野菜室でヨコにして保存するケースが多そうだ。だが、これではダブルパンチでダメージを与え、劣化スピードを早めてしまう。

間違いのひとつは、野菜室で保存することだ。長ネギは低温障害を起こしやすく、常温で保存する方が長持ちするのだ。もうひとつの失敗は、ヨコにしておくこと。長ネギは畑では直立しているので、保存する場合も同じようにする。新聞紙などで包んで、キッチンの隅の日光の当たらない場所などに立てかけておこう。

ただし、半分ほどを使って、残りは保存する場合は傷みやすくなる。常温の場所に出しっ放しにはしないで、白い茎と緑の葉を切り分け、ポリ袋などに入れて野菜室で保存するようにしよう。

ダブルパンチのダメージが！　常温でタテが正解

残念

ショウガ

多くの野菜のように、野菜室で保存する

ショウガを野菜室に入れておくと、1週間程度で乾燥してミイラ化することがある。かといって、冷蔵庫に入れないとカビが生えやすい。意外に保存しにくい野菜と思われているようだが、早く傷むのは保存の仕方が良くないからだろう。

ショウガが最も長持ちするのは気温15℃、湿度90％程度。家庭でこの環境をキープするのは難しいが、季節によって保存方法を変えることで、ある程度対応できる。基本的には新聞紙などで包み、常温の室内で保存するのがいい。ただし、暑い夏場は冷蔵庫の野菜室に移すようにしよう。10℃以下になる野菜室は、ショウガにとって決して良い環境ではないが、暑い室内に置いておくよりはましだ。また、冬に室温が0℃近くに下がるのなら、同じように野菜室で保存するのがいいだろう。

基本は常温で、暑い夏には野菜室で保存する

残念

卵

冷蔵庫のドアポケットで保存する

卵の保存の仕方で、迷う人は少ないかもしれない。冷蔵庫には多くの場合、ドアポケットに卵専用のホルダーがついているからだ。パックから取り出して、傷みにくいように尖ったほうを下にして詰め替える。これでＯＫ……ではない。

ドアポケットは温度が一定に保たれにくい。加えて、開け閉めの際の振動で殻にヒビが入り、雑菌が繁殖する可能性もある。さらに結露によって、殻に空いている小さな穴から雑菌が入り込むかもしれない。卵の保存場所には適していないのだ。

卵はパックに入れたまま、冷蔵庫の庫内の奥のほうで保存するのが一番だ。輪ゴムなどを使ってフタを閉めておくと、湿度が一定に保たれやすくなり、ほかの食材の匂いもつきにくくなる。次からぜひ、この保存方法に切り替えよう。

パックのまま冷蔵庫の奥で保存するのがベスト

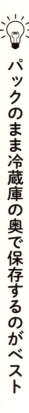

冷蔵庫で寝かせて保存する

アスパラガスは鮮度が命。保存の仕方を間違えたら、どんどん劣化してかたくなり、うま味や栄養価を失ってしまう。にもかかわらず、誤った方法で保存されていることが多いようだ。

劣化が進みやすい保存の仕方は、ヨコに寝かせておくこと。野菜は基本的に、畑にあった状態で保存すると長持ちする。アスパラガスは垂直に伸びる野菜なので、ヨコにして保存すると、無理に立ち上がろうとして、無駄なエネルギーを使ってしまう。

タテの状態で保存するには、牛乳パックやペットボトルを半分ほどにカットして使うといい。そこにアスパラガスを立てて置き、冷蔵庫の野菜室に入れておこう。ただ、それでも鮮度が落ちやすいので、できるだけ早く使い切るようにしたい。

寝かせるとたちまち劣化！立てた状態で保存

残念

青菜

そのまま野菜室で保存する

ホウレン草などの青菜は、冷蔵庫の野菜室で保存してもしおれやすい。多くの人はこう思っているだろう。しかし、鮮度が落ちやすいのは、いつもの保存の仕方が悪いからかもしれない。

青菜を買ってきたら、しおれるのを防ぐために、すぐに野菜室に入れているだろう。この行動が良くない。青菜は収穫後に輸送されて店頭に並び、消費者に買い求められるまで、水分を失い続けている。野菜室に入れる前に、まずはみずみずしさを取り戻すのが肝心だ。

大きなボウルや鍋に水をたっぷり入れて、青菜を4分程度浸ける。水分をたっぷり吸わせてから、新聞紙などで包んでポリ袋などに入れ、野菜室で立てて保存しよう。

まずは水に浸けて、失い続けてきた水分を補給

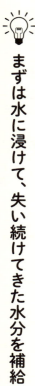

ANNEN ZANNEN ZANNEN

大失敗する
買い方・選び方

トマトやリンゴは
真っ赤なものに限る！
こんな先入観は早く捨てて、
正しい目利きの方法を
しっかり身につけよう。

ANNEN ZANNEN ZANNEN

新鮮そうな真っ白なイカを買う

イカの刺身は真っ白。このイメージから、さばいていないイカを買う際、色の白いもののほうを選んでいる人はいないだろうか。刺身になっているイカが白いのは、皮をはいでいるからだ。身と皮の色は全然違うので、混同しないようにしよう。

イカは生きているときは、虹色にキラキラ輝く斑点がある。死ぬとこの斑点はなくなり、全体的に褐色に変化。その後、鮮度が落ちていくにつれて、透明感がなくなり、白っぽくなっていく。こうした色の移り変わりから、濃い茶色のものを選ぶのがベストということになる。冷凍ものを選ぶ際も同じだ。

全体が白くなっていたら、鮮度はかなり落ちている。イカは魚と違って、時間がたつとうま味が増えるわけではないので、とにかく新鮮さを第一に選ぼう。

白いイカはかなり鮮度落ち。濃い茶色のものを

粒納豆ばかりを食べる

納豆には丸のままの納豆と、細かくきざまれたひきわり納豆がある。後者は東北地方では昔からよく食べられているが、全国的に見ると、生産量が納豆全体の7～8％とマイナーな存在だ。何となく食べていない……という人は多いだろうが、その栄養価は粒納豆以上なので、もっと積極的に食べるようにしたいものだ。

ひきわり納豆は、粒納豆を割ったものではない。大豆の皮を取り除いて細かくして発酵させたものだ。皮がない分、粒納豆よりも食物繊維は10％程度少ないが、納豆菌が多く付着することから、ビタミンKは約1・6倍も含まれている。

味わいについては、納豆独特の風味がより強いのが特徴。納豆好きの人なら、食べず嫌いはやめて、食卓にあげるようにしよう。

ひきわり納豆はビタミンKが粒納豆よりも豊富！

残念 カボチャ

鮮度の悪そうな古いものは買わない

野菜は新鮮なほうが味が良く、栄養も失っていないというのは常識。スーパーの野菜売り場でも、できるだけ鮮度のいいものを選ぼうと、よくチェックしてから買うのは当たり前だ。

では、カボチャはどうやって選べばいいのだろうか。野菜の鮮度を見分けるポイントのひとつはヘタ。そこで、カボチャの場合もここに注目し、新鮮そうなものを選ぶのが良さそうだ。ヘタの周りが完全に乾燥しているなど、収穫後、かなりの日数がたっていると思われるものは論外……。

こうした考え方は、正しいように思える。しかし、この目利きで買ったカボチャは、まだ甘みが足りないはずだ。

じつは、カボチャは収穫後、すぐに食べても甘みはない。しばらく寝かせているうちに、でんぷんが糖に変化して、甘みを増していく野菜なのだ。収穫してから1か月置くと、糖度は3倍以上もアップするので、新鮮そうなものをチェックして買うというのは、わざわざまずいカボチャを選んでいることになる。

収穫後、ある程度日数がたったカボチャを見分けるには、いくつかのポイントがある。ひとつはヘタの状態だ。カラカラに乾燥してコルクのようになっていたり、ヘタの周りがくぼんだり、ひびが入っていたりするもの。こうした状態になっていたら、完熟している証拠だ。

皮の色も重要なチェックポイント。基本的に濃い緑色で、加えて皮の一部が赤身を帯びた黄色になっていたら、かなり甘いと判断していい。黄色の部分は土に接していたところで、内部の実に近い色が現れるといわれる。また、皮がかたくて張りがあり、全体的にでこぼこが多いものも、大分甘くなっていると考えよう。

一方、カットしているカボチャの場合、色と種をチェック。濃いオレンジ色で、種が大きくてふっくらしているものを選ぶようにしよう。

収穫後、時間がたったものが完熟で甘い！

赤いトマトを選んで買う

トマトは赤いものほど甘くておいしいから、買うときはまず色をチェックする。こうした選び方をしている人は多いだろう。しかし残念ながら、赤いトマトが甘いとは限らない。

トマトの実は最初、緑色をしているが、熟すにしたがって、次第に赤みと甘さを増していく。真っ赤になったのは、完熟した証拠で、甘さも最高になっている。だが、これはあくまでも樹に成ったままのトマトの場合だ。

一般的に流通しているトマトは、収穫してから消費者の手に渡るまでにやや時間がある。このため、まだ真っ赤にならないうちに収穫されることが多いのだ。その後、時間がたつにつれて、赤い色は濃くなっていくが、肝心の甘さはほとんど変わらない。

こうした流通の仕組みから、見た目は真っ赤で、いかにも完熟のように見えても、甘さはそれほどではないことが十分あり得る。では、どこを見て選ぶのがいいのか。

必ずチェックしたいポイントは、トマトのお尻の部分。甘いトマトは、お尻の先端から放射状に白い線が伸びている。この線がはっきりしているほど甘いと考えていい。

この放射状の線は、水分を通す「維管束《いかんそく》」という管。トマトは水が足りない環境で育つほど、実が甘くなるという性質を持っている。維管束が白くなっているのは、水がひどく不足して枯れてしまったことを示す。そうしたトマトは水をあまり与えられない環境で育った。つまり、相当な甘さを秘めているわけだ。

「赤い＝甘い」ではない。お尻の放射状の線に注目！

ねぇ
見て見て〜
ぼくのお尻に
甘みが出ているよ！
TOMATO

残念

リンゴ

真っ赤なリンゴを選んで買う

果物売り場で真っ赤なリンゴを見たら、思わず買いたくなるだろう。とはいえ、すぐに買い物かごに入れてはいけない。そのおいしそうな真っ赤な色は、果実の熟成具合とは関係ないからだ。

リンゴの皮は緑色のクロロフィル、黄色のカロテノイド、赤色のアントシアニンという3種類の色素を含んでいる。赤や青、黄色などのさまざまな品種の色合いは、この色素のバランスによって決まる。

熟していないうちはクロロフィルが圧倒的に多いので、どのタイプのリンゴも最初は緑色だ。その後、熟成にしたがってカロテノイドが増え、バナナのような黄色い果実になっていく。つまり、リンゴの完熟を示す色は赤色ではなく、このカロテノイドの黄色なのだ。

ただし、リンゴの果実は、日光に当たるとアントシアニンが増えるという性質がある。赤くなる品種の場合、このアントシアニンの合成が多いことから、結果的に赤くなっていく。真っ赤に色づいていると、おいしそうには見えるが、肝心の完熟を示すわけではない。

リンゴの熟成具合を知るには、ふたつの場所をチェックしよう。ひとつは、リンゴのお尻のへこんだ部分。ここは日光が当たりにくいので、アントシアニンがあまり多くなく、カロテノイドの色合いがわかりやすい。この部分が黄色かオレンジ色になっていたら、十分熟していると考えていい。

ただし、リンゴの樹の下から日光を反射させ、お尻まで真っ赤にする栽培方法もある。こうしたリンゴの場合、お尻のくぼみもアントシアニンの赤色が強い。

そこで、お尻も赤かったら、ヘタの奥の部分をチェック。ここも日光が当たりにくい部分なので、カロテノイドの色が割合はっきり出る。十分に黄色くなっていたら、完熟していると判断しよう。

完熟の印は黄色！お尻かヘタの奥をチェックする

肉

見切り処分のものは買わない

スーパーの食肉売り場では、消費期限がギリギリになったパック詰めが、20％引きや半額などのお得な値段で売られることがよくある。こうした見切り処分の肉を見つけた場合、どうしているだろうか。

こんな鮮度落ち、まずいに決まっているから買わない……こういう人は考えを改めて、積極的に手を伸ばすようにしたほうがいい。

牛や豚、鶏が屠畜《とちく》されると、直後の肉はやわらかいが、ほどなく死後硬直によってかたくなっていく。硬直している段階の肉はとてもかたくて香りもなく、うま味成分も多くないので、食べてもおいしくはない。

この硬直した肉を低温で貯蔵すると、酵素の働きで肉が分解され、少しずつやわらかくなる。さらに、イノシン酸やグルタミン酸などが増えて、うま味があり、焼くと香りのある肉になっていく。

貯蔵によって、肉がやわらかく、おいしくなっていくことを熟成という。熟成期間は肉の種類によって異なり、4℃で貯蔵した場合、牛肉なら10日、豚肉では3～5日、鶏肉が半日～1日といったところだ。

スーパーや食肉店で販売されているのは、こうした熟成期間を経て、十分おいしくなった肉だ。消費期限がギリギリになっている見切り品の場合、店に並んだ2～3日前よりも、うま味がやや増している可能性がある。

安くてお買い得のうえ、味も良くなっているかもしれないので、見切り品の肉はかえっておすすめだ。ステーキ肉などの厚みのある肉の場合、肉の表面がやや暗い赤色になって、鮮度が悪いような印象を受けるもののほうが味はいい。

ただし、さらに日数がたつと、肉は腐敗がはじまる。食べると危険な状態になるので、店が設定した消費期限を守るのが肝心だ。買ったその日がギリギリなら、夕食で必ず食べるようにしよう。

うま味がアップしている可能性あり！

残念

牛肉

肉の重なっていた部分が黒いので捨てる

牛肉のこま切れ肉のパックを買ってきて、調理をしようと取り出したら、重なっていた部分が黒ずんでいた。こうした場合、傷んでいると判断し、捨ててしまう人がいるかもしれない。しかし、もったいないので、次からそんなことはしないようにしよう。

じつは、かたまり肉から切り離されたばかりの牛肉は、一見、傷んでしまったような黒っぽい暗赤色をしている。売られているものが鮮やかな赤色なのは、肉に含まれる色素が空気に触れて酸化したからだ。

つまり、パックのなかで重なっていた部分が黒ずんでいるのは、まだ空気にしっかり触れていないだけ。パックから取り出して、20～30分も置いておけば、次第に赤みを帯びていく。問題なく食べられるので、捨ててはいけない。

空気に触れていないだけ。捨ててはもったいない

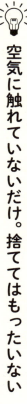

野菜

【青菜】……170
【アスパラガス】
ゆで方……80
保存の仕方……169
【イチゴ】……138
【枝豆】……120
【オクラ】……145
【カボチャ】
下ごしらえ……23
ゆで方……69
切り方……156
買い方・選び方……174
【カリフラワー】
ゆで方……75
食べ方……133
【キクラゲ】……33
【キャベツ】
下ごしらえ……34
切り方……142・144
【ゴボウ】
下ごしらえ……28・29
食べ方……127・128
【小松菜】……68
【サトイモ】……24
【シイタケ】
下ごしらえ……26・32
保存の仕方……160
【シシトウ】……104
【ジャガイモ】
下ごしらえ……30・31
肉ジャガ……55
ポテトサラダ……124
【ショウガ】……167
【玉ネギ】
下ごしらえ……16

切り方……150
【トウモロコシ】……76・77・78
【トマト】
下ごしらえ……20・21
買い方……176
【長ネギ】……166
【ナス】……86
【ニラ】……151
【ニンジン】
生のニンジン……134
食べ方……136
【ニンニク】……18
【白菜】
食べ方……129
切り方……152・154
【ピーマン】
下ごしらえ……19
食べ方……139
【ブロッコリー】
下ごしらえ……14
ゆで方……72・74
切り方……155
保存の仕方……161
【野菜炒め】……82・84
【リンゴ】……178
【レタス】
下ごしらえ……22
保存の仕方……164

肉

【牛肉】……182
【しゃぶしゃぶ】
ゆで方……64・65
食べ方……126
【ソーセージ】……66

【鶏のから揚げ】
下ごしらえ……38・40
揚げ方……92
【鶏肉のソテー】……100
【鶏の胸肉】……148
【豚汁】……115
【肉】……180
【ハンバーグ】……36・37
【レバー】……46

魚介類

【イカ】
煮方……57
切り方……146
買い方・選び方……172
【エビフライ】……90
【カツオのたたき】……45
【かまぼこ】……157
【切り身】……48
【サケ】……132
【塩焼き】
焼き方……96
味のつけ方……119
【シジミ】
下ごしらえ……41・42
煮方……52
【しめサバ】……44
【煮つけ】……53
【干物】……98
【ホタテ】
バター焼き……102
切り方……147
【焼き魚】……99

卵

【ゆで卵】……70
【卵】……168

その他の料理・調理

【揚げ出し豆腐】……94
【おでん】……54
【片栗粉】……106・108
【カレー】……114
【コンニャク】……162
【白和え】……140
【炊き込みごはん】……62
【チャーハン】……87・88・89
【ドレッシング】……116
【納豆】
　食べ方……130
　買い方・選び方……173
【のり】……103
【パン粉】……93
【ホワイトソース】……112
【包丁】……158
【干しヒジキ】……58
【ミネラルウォーター】……60
【面取り】……56

調味料

【計量カップ】……122
【塩】……117・118
【調味料】……110
【適量】……121
【ふり塩】……49・50
【味噌】……163
【料理酒】……109

主な参考文献

■『「こつ」の科学』(杉田浩一／柴田書店)
■『NHKためしてガッテン 食育！ビックリ大辞典』(監修・ためしてガッテン制作班／東山書房)
■『NHKためしてガッテン カンタン！激うま！火加減レシピ』(NHKためしてガッテン料理班／メディアファクトリー)
■『NHKためしてガッテン 食の知恵袋事典』(編・NHK科学・環境番組部 季刊「NHKためしてガッテン」編集班／アスコム)
■『NHKあさイチ 食品保存の新スゴ技集』(G.B)
■『決定版 辻調直伝 基礎からの和食入門』(辻調理師専門学校／講談社)
■『料理をおいしくする包丁の使い方』(辻調理師専門学校／ナツメ社)
■『ニッポン人の西洋料理』(村上信夫／光文社)
■『台所科学　ワザいらずの料理のコツ』(内田麻理香／カドカワSSコミュニケーションズ)
■『料理のジョーシキ・ヒジョーシキ』(監修・服部幸應／主婦と生活社)
■『下ごしらえと調理のコツ便利帳』(監修・松本仲子／成美堂出版)
■『じつは知らない和食のコツ』(野﨑洋光／洋泉社)
■『科学でわかる料理のツボ』(佐巻健男・稲山ますみ／学習研究社)
■『調理以前の料理の常識』(渡邊香春子／講談社)
■『調理以前の料理の常識2』(渡邊香春子／講談社)
■『ギモン以前の料理のキホン』(監修・浜松千波／日本文芸社)
■『その調理、9割の栄養捨ててます！』(監修・東京慈恵会医科大学付属病院栄養部／世界文化社)
■『調理 保存 食べ方で栄養を捨てない食材のトリセツ』(監修・落合敏／主婦の友社)

主な参考ホームページ

■文部科学省…食品成分データベース
■農林水産省…食材まるかじり
■日南市ふるさと納税…その使い方であってますか？包丁の使い方のキホン
■厚沢部町公式ホームページ…ジャガイモを美味しく食べる
■北海道ぎょれん…おさかな料理の基本とコツ
■全農 青森県支部…りんごに関する質問
■JA越前たけふ…カリフラワー
■鳥取県生活協同組合…商品探訪

■日本成人病予防協会 食Do!…しいたけとビタミンD
■農畜産業振興機構 月報野菜情報…野菜の旬と栄養価
■全国トマト工業会…トマトのちょっといい話
■全国いか加工業協同組合…イカ学Q&A50
■畜産技術協会メールマガジン…肉の食べごろ
■日本食肉研究会…食肉用語の解説 食肉の熟成
■日本ひじき協議会…ひじきQ&A
■日本しじみ研究所…レシピ前のマメ知識
■四万十川鮎市場…冷凍天然アユの食べ方
■辻調グループ校…もっと知りたい
■味の素…レシピ大百科
■S&B…からしの辛味
■カゴメ…トマト大学／野菜の種類／野菜を調理する
■ハウス食品…食材を知って、おいしく調理!
■キユーピー…かぼちゃの選び方
■キッコーマン…野菜の切り方／野菜の下準備／食材とレシピ
■伊藤ハム…お肉百科
■リンナイ…ワンポイントアドバイス
■エビアン…料理や飲み物をおいしくする水の使い分け方
■教えて!たまご先生…たまごの正しい保存方法
■宝酒造…料理清酒よくあるご質問
■フジジン…みそについて
■日本海水…塩の達人になろう
■小田原鈴廣…切り口でおいしさが変わる!?
■しじみの幸水…シジミの砂抜き・保存
■宍道湖の幸 大竹屋…しじみのQ&A
■能登いか屋さん…イカの選び方
■GINGER FACTORY…生姜の保存方法まとめ
■有限会社のり安片岡…海苔の焼き方(炙り方)
■ヤマダフーズ…ひきわり納豆って、どんな納豆?
■観光農園ドラゴンファーム…イチゴの食べ方
■Sierra farmer…よくある質問
■宝珠山きのこ生産組合…干ししいたけの選び方～「機械干し」か「天日干し」か～
■きのこのじかん…きくらげの戻し方比較／しいたけのまとめ
■味の農園…蜜入りリンゴの選び方、見分け方のポイント
■アマノ食堂…とうもろこしの茹で方と味つけ
■NHKらいふ…じゃがいもの下ごしらえと保存法
■NHKガッテン…ごぼうがコクだし調味料に早変わり／トマト選び自由自在ワザ
■朝日新聞デジタル…お米の炊き方Q&A ミネラルウォーターを使うとおいしい?
■鈴木杏樹のいってらっしゃい…ハクサイの黒い斑点の正体はポリフェノール?!

■TBSラジオ…「粒納豆」と「ひきわり納豆」食感以外にも違いが!
■ヨミドクター…冷しゃぶ 軟らか仕上げ
■知識の宝庫!目がテン!ライブラリー…アクは甘い牛しゃぶ鍋/じゃがいもの科学
■NIKKEI STYLE…キャベツの千切り おいしくシャキッとさせるコツ
■日経電子版…切り方・調理で大違い 栄養を100%採る野菜の食べ方
■プレジデントファミリー…焼き魚のふり塩は味付けのためだけではない/ジャガイモは皮付きのまま
■ESSE…激安の「鶏胸肉」をジューシーに変える方法があった/小麦粉を計量カップではかる方法
■元気らいふ…ネギ科植物特有の匂い「硫化アリル」
■All About…料理の下ごしらえ・保存法/食と健康/男の簡単料理　ほか
■cookpadニュース…【徹底検証!】水に浸けると鶏の唐揚げがめっちゃジューシーになるって本当?/【即実践!】ブロッコリーが水っぽくならないゆで方&水切りワザ　ほか
■cookpad料理の基本…片栗粉とコースターチの違い
■FOODIE…キャベツの外葉は捨てないで!/水溶き片栗粉の疑問にプロが答えます、究極のホワイトソースの作り方
■メシ通…老舗魚屋さんに聞く「ウマい煮魚」を作る2つのコツ
■vegetaiment…美味しいかぼちゃの選び方、見分け方
■食の研究所…日本と世界の食事情
■白ごはん.com…野菜の下ごしらえ/薬味の下ごしらえ　ほか
■料理研究家・宮成なみの台所の知恵袋…何でとろみがなくなるの!?片栗粉で滑らかとろみをつける3つのコツ
■高木ゑみの本日のおもてなし料理…なめらかな基本のベシャメルソースの作り方
■ROOMIE　砂糖でしめる?プロに聞くおいしい「シメサバ」のつくり方

青春新書
PLAYBOOKS

人生を自由自在に活動《プレイ》する

人生の活動源として

いま要求される新しい気運は、最も現実的な生々しい時代に吐息する大衆の活力と活動源である。

文明はすべてを合理化し、自主的精神はますます衰退に瀕し、自由は奪われようとしている今日、プレイブックスに課せられた役割と必要は広く新鮮な願いとなろう。

いわゆる知識人にもとめる書物は数多く窺うまでもない。

本刊行は、在来の観念類型を打破し、謂わば現代生活の機能に即する潤滑油として、逞しい生命を吹込もうとするものである。

われわれの現状は、埃りと騒音に紛れ、雑踏に苛まれ、あくせく追われる仕事に、日々の不安は健全な精神生活を妨げる圧迫感となり、まさに現実はストレス症状を呈している。

プレイブックスは、それらすべてのうっ積を吹きとばし、自由闊達な活動力を培養し、勇気と自信を生みだす最も楽しいシリーズたらんことを、われわれは鋭意貫かんとするものである。

―創始者のことば―　小澤和一

編者紹介

ホームライフ取材班

「暮らしをもっと楽しく！ もっと便利に！」をモットーに、日々取材を重ねているエキスパート集団。取材の対象は、料理、そうじ、片づけ、防犯など多岐にわたる。その取材力、情報網の広さには定評があり、インターネットではわからない、独自に集めたテクニックや話題を発信し続けている。

栄養《えいよう》と味《あじ》、9割《わり》も損《そん》してる！
残念《ざんねん》な料理《りょうり》

青春新書 PLAYBOOKS

2018年11月1日 第1刷

編者 ホームライフ取材班《しゅざいはん》

発行者 小澤源太郎

責任編集 株式会社プライム涌光

電話 編集部 03(3203)2850

発行所 東京都新宿区若松町12番1号 〒162-0056 株式会社青春出版社

電話 営業部 03(3207)1916 振替番号 00190-7-98602

印刷・図書印刷 製本・フォーネット社

ISBN978-4-413-21123-9